Armando Barraza

Para ser maestro, hay que amar la docencia

Armando Barraza

Para ser maestro, hay que amar la docencia

JustFiction Edition

Imprint
Any brand names and product names mentioned in this book are subject to trademark, brand or patent protection and are trademarks or registered trademarks of their respective holders. The use of brand names, product names, common names, trade names, product descriptions etc. even without a particular marking in this work is in no way to be construed to mean that such names may be regarded as unrestricted in respect of trademark and brand protection legislation and could thus be used by anyone.

Cover image: www.ingimage.com

Publisher:
JustFiction! Edition
is a trademark of
Dodo Books Indian Ocean Ltd. and OmniScriptum S.R.L publishing group

120 High Road, East Finchley, London, N2 9ED, United Kingdom
Str. Armeneasca 28/1, office 1, Chisinau MD-2012, Republic of Moldova, Europe
Printed at: see last page
ISBN: 978-620-0-10945-3

Para ser maestro, hay que amar la docencia.

Autor. Armando Barraza Cuellar.

Capitulo uno. Para ser maestro, hay que amar la docencia.

Resumen. Para ser maestro, hay que amar la docencia. Cada ser humano traemos dones, y cada maestro debe de examinarse antes de estar frente a un salón de clases, y amar la docencia, en lo más íntimo de su ser, ya sea maestro o maestra, porque es una labor muy especial, estar frente ante un grupo de estudiantes, cada día, para poder dirigirlos, instruidos, examinando cada conciencia, y sobre todo hay que recordar que cada estudiante, tiene en su Masa Encefálica tres cerebros, y en el cerebro humano están los atributos del bien, es decir ahí habitan: el amor, la misericordia, la inteligencia, la sabiduría, el poder, la consejería, el conocimiento y la reverencia al Creador- Dios, y es ahí donde el docente tiene que trabajar en cada estudiante, para que el o ella despiertan esos atributos, y así poder estar en el camino correcto, ético y poder estar docente y estudiante enlazados, des enlaza dos y re enlazados en el salón de clases día tras día.

Palabras clave.

Amor, sabiduría, inteligencia, poder, consejería, conocimiento, reverencia, ética, constancia perseverancia, paciencia, terquedad, enlazar, desenlazar y re. enlazar.

Introducción.

Para ser maestro, hay que amar la docencia. Cada ser humano traemos dones, y cada maestro debe de examinarse antes de estar frente a un salón de clases, y amar la docencia, en lo más íntimo de su ser, ya sea maestro o maestra, porque es una labor muy especial, estar frente ante un grupo de estudiantes, cada día, para poder dirigirlos, instruidos, examinando cada conciencia, y sobre todo hay que recordar que cada estudiante, tiene en su Masa Encefálica tres cerebros, y en el cerebro humano están los atributos del bien, es decir ahí habitan: el amor, la misericordia, la inteligencia, la sabiduría, el poder, la consejería, el conocimiento y la reverencia al Creador- Dios, y es ahí donde el docente tiene que trabajar en cada estudiante, para que él o ella despiertan esos atributos, y así poder estar en el camino correcto, ético y poder estar docente y estudiante enlazados, des enlaza dos y re enlazados en el salón de clases día tras día. Amor, sabiduría, inteligencia, poder, consejería, conocimiento, reverencia, ética, constancia perseverancia, paciencia, terquedad, enlazar, desenlazar y re. enlazar. Hay que tener mucho cuidados con otros dos cerebros que integran a la: Masa Encefálica, porque el cerebro mamífero, hormonal y sexual ahí se anida una semilla de la “iniquidad” de la maldad todo lo que está en contra del cerebro humano, está en el cerebro mamífero, hormonal y sexual y son los siguientes conceptos: el desamor, la iniquidad, el egoísmo, la soberbia, la amargura, el deshonor, el egocentrismo, la pereza cerebral y somática, el dormir de más, como los perezosos, y todo lo que estorba para el avance normal del ser humano, y si lo dejamos avanzar y que el cerebro mamífero quiera controlar al cerebro humano, el amor verdadero, entonces el maestro no puede amar la docencia y por ende no amara a sus estudiantes y esto trae consigo todo un desastre interno y externo tanto el docente como el estudiantado. Muy bien, pues mano a la obra, hoy es el día para escribirles a los docentes y al estudiantado de los cuatro vientos, en diferentes niveles educativos.

Metodología sistemática.

Para ser maestro, hay que amar la docencia. Cada ser humano traemos dones, y cada maestro debe de examinarse antes de estar frente a un salón de clases, y amar la docencia, en lo más íntimo de su ser, ya sea maestro o maestra, porque es una labor muy especial, estar frente ante un grupo de estudiantes, cada día, para poder dirigirlos, instruidos, examinando cada conciencia, y sobre todo hay que recordar que cada estudiante, tiene en su Masa Encefálica tres cerebros, y en el cerebro humano están los atributos del bien, es decir ahí habitan: el amor, la misericordia, la inteligencia, la sabiduría, el poder, la consejería, el conocimiento y la reverencia al Creador- Dios, y es ahí donde el docente tiene que trabajar en cada estudiante, para que él o ella despiertan esos atributos, y así poder estar en el camino correcto, ético y poder estar docente y estudiante enlazados, des enlaza dos y re enlazados en el salón de clases día tras día. Amor, sabiduría, inteligencia, poder, consejería, conocimiento, reverencia, ética, constancia perseverancia, paciencia, terquedad, enlazar, desenlazar y re. enlazar. Hay que tener mucho cuidados con otros dos cerebros que integran a la: Masa Encefálica, porque el cerebro mamífero, hormonal y sexual ahí se anida una semilla de la "iniquidad" de la maldad todo lo que está en contra del cerebro humano, está en el cerebro mamífero, hormonal y sexual y son los siguientes conceptos: el desamor, la iniquidad, el egoísmo, la soberbia, la amargura, el deshonor, el egocentrismo, la pereza cerebral y somática, el dormir de más, como los perezosos, y todo lo que estorba para el avance normal del ser humano, y si lo dejamos avanzar y que el cerebro mamífero quiera controlar al cerebro humano, el amor verdadero, entonces el maestro no puede amar la docencia y por ende no amara a sus estudiantes y esto trae consigo todo un desastre interno y externo tanto el docente como el estudiantado. Muy bien, pues mano a la obra, hoy es el día para escribirles a los docentes y al estudiantado de los cuatro vientos, en diferentes niveles educativos.

Discusión. ¿Por qué hoy día, es mas difícil, ser maestro (a) y, por ende, amar la docencia? Debo decir que, para ser docente d de los cuatro vientos, mis respetos porque cada maestro (a) esta con cada ser humano, y debo decir, que cada ser humano es diferente de los demás, nadie, pero nadie es igual a otra persona, imagínense que un maestro esta en el salón de clases, con cincuenta, sesenta o más estudiantes, y los ve, los mira a todos y cada uno de ellos, pues mis respetos para los maestros, ¡se necesita mucho amor! A la profesión, pienso que es un "don" que Dios le da a cada maestro (a) d de los cuatro vientos. Amor, sabiduría, inteligencia, poder, consejería, conocimiento, reverencia, ética, constancia perseverancia, paciencia, terquedad, enlazar, desenlazar y re. enlazar. Hay que tener mucho cuidados con otros dos cerebros que integran a la: Masa Encefálica, porque el cerebro mamífero, hormonal y sexual ahí se anida una semilla de la "iniquidad" de la maldad todo lo que está en contra del cerebro humano, está en el cerebro mamífero, hormonal y sexual y son los siguientes conceptos: el desamor, la iniquidad, el egoísmo, la soberbia, la amargura, el deshonor, el egocentrismo, la pereza cerebral y somática, el dormir de más, como los perezosos, y todo lo que estorba para el avance normal del ser humano, y si lo dejamos avanzar y que el cerebro mamífero quiera controlar al cerebro humano, el amor verdadero, entonces el maestro no puede amar la docencia y por ende no amara a sus estudiantes y esto trae consigo todo un desastre interno y externo tanto el docente como el estudiantado. Muy bien, pues mano a la obra, hoy es el día para escribirles a los docentes y al estudiantado de los cuatro vientos, en diferentes niveles educativos. Dios el Eterno da: dones, ministerios y operacionales, a cada ser humanos d ellos cuatro vientos, lo que uno piensa ser, en la vida a través del estudio, pues ese es el famoso don, por ejemplo, yo. Cuando estaba chico, y vengo de una familia muy pobre, y mi padre nos abandonó veinte años, cuando más lo necesitamos se nos fue, y yo decía. Cuando sea grande, yo quiero estudiar mucho, ser alguien en la vida, pues bien soy médico, escritos didáctico, soy dibujante y escritor. Etc., etc.

Imagen.

Recapitulación.

Para ser maestro, hay que amar la docencia. Cada ser humano traemos dones, y cada maestro debe de examinarse antes de estar frente a un salón de clases, y amar la docencia, en lo más íntimo de su ser, ya sea maestro o maestra, porque es una labor muy especial, estar frente ante un grupo de estudiantes, cada día, para poder dirigirlos, instruidos, examinando cada conciencia, y sobre todo hay que recordar que cada estudiante, tiene en su Masa Encefálica tres cerebros, y en el cerebro humano están los atributos del bien, es decir ahí habitan: el amor, la misericordia, la inteligencia, la sabiduría, el poder, la consejería, el conocimiento y la reverencia al Creador- Dios, y es ahí donde el docente tiene que trabajar en cada estudiante, para que él o ella despiertan esos atributos, y así poder estar en el camino correcto, ético y poder estar docente y estudiante enlazados, des enlaza dos y re enlazados en el salón de clases día tras día. Amor, sabiduría, inteligencia, poder, consejería, conocimiento, reverencia, ética, constancia perseverancia, paciencia, terquedad, enlazar, desenlazar y re. enlazar. Hay que tener mucho cuidados con otros dos cerebros que integran a la: Masa Encefálica, porque el cerebro mamífero, hormonal y sexual ahí se anida una semilla de la "iniquidad" de la maldad todo lo que está en contra del cerebro humano, está en el cerebro mamífero, hormonal y sexual y son los siguientes conceptos: el desamor, la iniquidad, el egoísmo, la soberbia, la amargura, el deshonor, el egocentrismo, la pereza cerebral y somática, el dormir de más, como los perezosos, y todo lo que estorba para el avance normal del ser humano, y si lo dejamos avanzar y que el cerebro mamífero quiera controlar al cerebro humano, el amor verdadero, entonces el maestro no puede amar la docencia y por ende no amara a sus estudiantes y esto trae consigo todo un desastre interno y externo tanto el docente como el estudiantado. Muy bien, pues mano a la obra, hoy es el día para escribirles a los docentes y al estudiantado de los cuatro vientos, en diferentes niveles educativos.

Cuadro mental.

. ¿Por qué hoy día, es más difícil, ser maestro (a) y, por ende, amar la docencia? Debo decir que, para ser docente d de los cuatro vientos, mis respetos porque cada maestro (a) esta con cada ser humano, y debo decir, que cada ser humano es diferente de los demás, nadie, pero nadie es igual a otra persona, imagínense que un maestro está en el salón de clases, con cincuenta, sesenta o más estudiantes, y los ve, los mira a todos y cada uno de ellos, pues mis respetos para los maestros, ¡se necesita mucho amor! A la profesión, pienso que es un “don” que Dios le da a cada maestro (a) d de los cuatro vientos. Amor, sabiduría, inteligencia, poder, consejería, conocimiento, reverencia, ética, constancia perseverancia, paciencia, terquedad, enlazar, desenlazar y re. enlazar. Hay que tener mucho cuidados con otros dos cerebros que integran a la: Masa Encefálica, porque el cerebro mamífero, hormonal y sexual ahí se anida una semilla de la “iniquidad” de la maldad todo lo que está en contra del cerebro humano, está en el cerebro mamífero, hormonal y sexual y son los siguientes conceptos: el desamor, la iniquidad, el egoísmo, la soberbia, la amargura, el deshonor, el egocentrismo, la pereza cerebral y somática, el dormir de más, como los perezosos, y todo lo que estorba para el avance normal del ser humano, y si lo dejamos avanzar y que el cerebro mamífero quiera controlar al cerebro humano, el amor verdadero, entonces el maestro no puede amar la docencia y por ende no amara a sus estudiantes y esto trae consigo todo un desastre interno y externo tanto el docente como el estudiantado. Muy bien, pues mano a la obra, hoy es el día para escribirles a los docentes y al estudiantado de los cuatro vientos, en diferentes niveles educativos. Dios el Eterno da: dones, ministerios y operacionales, a cada ser humanos de los cuatro vientos, lo que uno piensa ser, en la vida a través del estudio, pues ese es el famoso don.

Resumen del primer capítulo. ¿Por qué hoy día, es más difícil, ser maestro (a) y, por ende, amar la docencia? Debo decir que, para ser docente d de los cuatro vientos, mis respetos porque cada maestro (a) esta con cada ser humano, y debo decir, que cada ser humano es diferente de los demás, nadie, pero nadie es igual a otra persona, imagínense que un maestro está en el salón de clases, con cincuenta, sesenta o más estudiantes, y los ve, los mira a todos y cada uno de ellos, pues mis respetos para los maestros, ¡se necesita mucho amor! A la profesión, pienso que es un "don" que Dios le da a cada maestro (a) d de los cuatro vientos. Amor, sabiduría, inteligencia, poder, consejería, conocimiento, reverencia, ética, constancia perseverancia, paciencia, terquedad, enlazar, desenlazar y re. enlazar. Hay que tener mucho cuidados con otros dos cerebros que integran a la: Masa Encefálica, porque el cerebro mamífero, hormonal y sexual ahí se anida una semilla de la "iniquidad" de la maldad todo lo que está en contra del cerebro humano, está en el cerebro mamífero, hormonal y sexual y son los siguientes conceptos: el desamor, la iniquidad, el egoísmo, la soberbia, la amargura, el deshonor, el egocentrismo, la pereza cerebral y somática, el dormir de más, como los perezosos, y todo lo que estorba para el avance normal del ser humano, y si lo dejamos avanzar y que el cerebro mamífero quiera controlar al cerebro humano, el amor verdadero, entonces el maestro no puede amar la docencia y por ende no amara a sus estudiantes y esto trae consigo todo un desastre interno y externo tanto el docente como el estudiantado. Muy bien, pues mano a la obra, hoy es el día para escribirles a los docentes y al estudiantado de los cuatro vientos, en diferentes niveles educativos. Dios el Eterno da: dones, ministerios y operacionales, a cada ser humanos d ellos cuatro vientos, lo que uno piensa ser, en la vida a través del estudio, pues ese es el famoso don, por ejemplo, yo. Cuando estaba chico, y vengo de una familia muy pobre, y mi padre nos abandonó veinte años, cuando más lo necesitamos se nos fue, y yo decía. Cuando sea grande, yo quiero estudiar mucho, ser alguien en la vida, pues bien soy médico, escritos didáctico, soy dibujante y escritor. Etc., etc.

Capitulo dos.

Papar amar, a los demás: debemos primero amarnos a nosotros mismos.

(Es de Dios. 1 Juan. 4:7).

Resumen. Papar amar, a los demás: debemos primero amarnos a nosotros mismos.

(Es de Dios. 1 Juan. 4:7). Dice así. Amados, amémonos unos a otros; porque el amor es de Dios. Todo aquel que ama, es nacido de Dios, y conoce a Dios. **4:7 amémonos unos a otros**. Esta frase en el versículo 7 es la clave para entender toda la sección (vea el versículo 21). El texto original transmite la idea de asegurarse de que el amor sea una práctica habitual. El apóstol ya ha escrito que quienes en verdad han nacido de nuevo exhiben a diario el habito característico del amor (cp. 2:10, 11; 3:14). **Todo aquel que ama, es nacido de Dios.** Aquellos que son nacidos de nuevo reciben la naturaleza de Dios (cp. 2Pedro. 1:4). Puesto que la naturaleza de Dios se caracteriza en esencia por el amor (vea también el versículo 8) los hijos de Dios también reflejan ese amor.

Palabras clave.

Amor, Dios, hijos, nacer de nuevo, docente, maestro, estudiante, estudiantado, salón de clases, Casa, biblioteca.

Introducción.

Papar amar, a los demás: debemos primero amarnos a nosotros mismos.

(Es de Dios. 1 Juan. 4:7). Dice así. Amados, amémonos unos a otros; porque el amor es de Dios. Todo aquel que ama, es nacido de Dios, y conoce a Dios. **4:7 amémonos unos a otros**. Esta frase en el versículo 7 es la clave para entender toda la sección (vea el versículo 21). El texto original transmite la idea de asegurarse de que el amor sea una práctica habitual. El apóstol ya ha escrito que quienes en verdad han nacido de nuevo exhiben a diario el habito característico del amor (cp. 2:10, 11; 3:14). **Todo aquel que ama, es nacido de Dios.** Aquellos que son nacidos de nuevo reciben la naturaleza de Dios (cp. 2Pedro. 1:4). Puesto que la naturaleza de Dios se caracteriza en esencia por el amor (vea también el versículo 8) los hijos de Dios también reflejan ese amor. Amor, Dios, hijos, nacer de nuevo, docente, maestro, estudiante, estudiantado, salón de clases, Casa, biblioteca. Si el docente de los diferentes niveles educativos, empezando con los de preescolar, los de escolar, los de secundaria, los de la preparatoria, de los universitarios, de las maestrías, de los postdoctorados, cada uno de los maestros (as)se paran en su diario caminar, y reflexionan, meditan, cada día , cada noche, para que en su interior, desde el cerebro humano de su Masa Encefálica donde se anida el verdadero amor, y lo despiertan para sus estudiantes, entonces ese maestro, la maestra realmente aman la docencia, eso es lo que debemos de hacer cada docente de los cuatro vientos. ¿Porque hoy día, cada día estamos alejados del verdadero amor de la docencia?, y esto nos lleva a un caos, a una catástrofe en cuestión de la educación de alta calidad. Hay que rescatar los verdadero valores éticos, filosóficos, didácticos, en el salón de clases, en la biblioteca, en nuestros hogares, en nuestro diario caminar. Para que volvamos a las Sendas antiguas, con los principios del nuestro dios el Eterno, Los diez mandamientos. Solo así podremos convivir bien, en armonía con el estudiantado en el salón de clases, en los pasillos, con mucho respeto, pero con la confianza de todo un gran maestro (a) y cada estudiante. Se, que, si se puede, cuando, queremos hacerlo bien.

Metodología sistemática.

Para amar, a los demás: debemos primero amarnos a nosotros mismos.

(Es de Dios. 1 Juan. 4:7). Dice así. Amados, amémonos unos a otros; porque el amor es de Dios. Todo aquel que ama, es nacido de Dios, y conoce a Dios. **4:7 amémonos unos a otros**. Esta frase en el versículo 7 es la clave para entender toda la sección (vea el versículo 21). El texto original transmite la idea de asegurarse de que el amor sea una práctica habitual. El apóstol ya ha escrito que quienes en verdad han nacido de nuevo exhiben a diario el habito característico del amor (cp. 2:10, 11; 3:14). **Todo aquel que ama, es nacido de Dios.** Aquellos que son nacidos de nuevo reciben la naturaleza de Dios (cp. 2Pedro. 1:4). Puesto que la naturaleza de Dios se caracteriza en esencia por el amor (vea también el versículo 8) los hijos de Dios también reflejan ese amor. Amor, Dios, hijos, nacer de nuevo, docente, maestro, estudiante, estudiantado, salón de clases, Casa, biblioteca. Si el docente de los diferentes niveles educativos, empezando con los de preescolar, los de escolar, los de secundaria, los de la preparatoria, de los universitarios, de las maestrías, de los postdoctorados, cada uno de los maestros (as)se paran en su diario caminar, y reflexionan, meditan, cada día , cada noche, para que en su interior, desde el cerebro humano de su Masa Encefálica donde se anida el verdadero amor, y lo despiertan para sus estudiantes, entonces ese maestro, la maestra realmente aman la docencia, eso es lo que debemos de hacer cada docente de los cuatro vientos. ¿Porque hoy día, cada día estamos alejados del verdadero amor de la docencia?, y esto nos lleva a un caos, a una catástrofe en cuestión de la educación de alta calidad. Hay que rescatar los verdadero valores éticos, filosóficos, didácticos, en el salón de clases, en la biblioteca, en nuestros hogares, en nuestro diario caminar. Para que volvamos a las Sendas antiguas, con los principios del nuestro dios el Eterno, Los diez mandamientos. Solo así podremos convivir bien, en armonía con el estudiantado en el salón de clases, en los pasillos, con mucho respeto, pero con la confianza de todo un gran maestro (a) y cada estudiante. Se, que, si se puede, cuando, queremos hacerlo bien.

Discusión.

(Es de Dios. 1 Juan. 4:7). Dice así. Amados, amémonos unos a otros; porque el amor es de Dios. Todo aquel que ama, es nacido de Dios, y conoce a Dios. **4:7 amémonos unos a otros**. Esta frase en el versículo 7 es la clave para entender toda la sección (vea el versículo 21). El texto original transmite la idea de asegurarse de que el amor sea una práctica habitual. El apóstol ya ha escrito que quienes en verdad han nacido de nuevo exhiben a diario el habito característico del amor (cp. 2:10, 11; 3:14). **Todo aquel que ama, es nacido de Dios.** Aquellos que son nacidos de nuevo reciben la naturaleza de Dios (cp. 2Pedro. 1:4). Puesto que la naturaleza de Dios se caracteriza en esencia por el amor (vea también el versículo 8) los hijos de Dios también reflejan ese amor. Amor, Dios, hijos, nacer de nuevo, docente, maestro, estudiante, estudiantado, salón de clases, Casa, biblioteca. Si el docente de los diferentes niveles educativos, empezando con los de preescolar, los de escolar, los de secundaria, los de la preparatoria, de los universitarios, de las maestrías, de los postdoctorados, cada uno de los maestros (as)se paran en su diario caminar, y reflexionan, meditan, cada día , cada noche, para que en su interior, desde el cerebro humano de su Masa Encefálica donde se anida el verdadero amor, y lo despiertan para sus estudiantes, entonces ese maestro, la maestra realmente aman la docencia, eso es lo que debemos de hacer cada docente de los cuatro vientos. ¿Porque hoy día, cada día estamos alejados del verdadero amor de la docencia?, y esto nos lleva a un caos, a una catástrofe en cuestión de la educación de alta calidad. Hay que rescatar los verdadero valores éticos, filosóficos, didácticos, en el salón de clases, en la biblioteca, en nuestros hogares, en nuestro diario caminar. Para que volvamos a las Sendas antiguas, con los principios del nuestro dios el Eterno, Los diez mandamientos. Solo así podremos convivir bien, en armonía con el estudiantado en el salón de clases, en los pasillos, con mucho respeto, pero con la confianza de todo un gran maestro (a) y cada estudiante. Se, que, si se puede, cuando, queremos hacerlo bien. ¿Tu qué harías, respecto al verdadero amor? ¿Te amarías tu primero, para poder amad a tus semejantes?

Imagen.

Cuadro mental.

Todo aquel que ama, es nacido de Dios. Aquellos que son nacidos de nuevo reciben la naturaleza de Dios (cp. 2Pedro. 1:4). Puesto que la naturaleza de Dios se caracteriza en esencia por el amor (vea también el versículo 8) los hijos de Dios también reflejan ese amor. Amor, Dios, hijos, nacer de nuevo, docente, maestro, estudiante, estudiantado, salón de clases, Casa, biblioteca. Si el docente de los diferentes niveles educativos, empezando con los de preescolar, los de escolar, los de secundaria, los de la preparatoria, de los universitarios, de las maestrías, de los postdoctorados, cada uno de los maestros (as)se paran en su diario caminar, y reflexionan, meditan, cada día , cada noche, para que en su interior, desde el cerebro humano de su Masa Encefálica donde se anida el verdadero amor, y lo despiertan para sus estudiantes, entonces ese maestro, la maestra realmente aman la docencia, eso es lo que debemos de hacer cada docente de los cuatro vientos. ¿Porque hoy día, cada día estamos alejados del verdadero amor de la docencia?, y esto nos lleva a un caos, a una catástrofe en cuestión de la educación de alta calidad. Hay que rescatar los verdadero valores éticos, filosóficos, didácticos, en el salón de clases, en la biblioteca, en nuestros hogares, en nuestro diario caminar. Para que volvamos a las Sendas antiguas, con los principios del nuestro dios el Eterno, Los diez mandamientos. Solo así podremos convivir bien, en armonía con el estudiantado en el salón de clases, en los pasillos, con mucho respeto, pero con la confianza de todo un gran maestro (a) y cada estudiante. Se, que, si se puede, cuando, queremos hacerlo bien. ¿Tú qué harías, respecto al verdadero amor? ¿Te amarías tu primero, para poder amad a tus semejantes?

Recapitulación.

(Es de Dios. 1 Juan. 4:7). Dice así. Amados, amémonos unos a otros; porque el amor es de Dios. Todo aquel que ama, es nacido de Dios, y conoce a Dios. **4:7 amémonos unos a otros**. Esta frase en el versículo 7 es la clave para entender toda la sección (vea el versículo 21). El texto original transmite la idea de asegurarse de que el amor sea una práctica habitual. El apóstol ya ha escrito que quienes en verdad han nacido de nuevo exhiben a diario el habito característico del amor (cp. 2:10, 11; 3:14). **Todo aquel que ama, es nacido de Dios.** Aquellos que son nacidos de nuevo reciben la naturaleza de Dios (cp. 2Pedro. 1:4). Puesto que la naturaleza de Dios se caracteriza en esencia por el amor (vea también el versículo 8) los hijos de Dios también reflejan ese amor. Amor, Dios, hijos, nacer de nuevo, docente, maestro, estudiante, estudiantado, salón de clases, Casa, biblioteca. Si el docente de los diferentes niveles educativos, empezando con los de preescolar, los de escolar, los de secundaria, los de la preparatoria, de los universitarios, de las maestrías, de los postdoctorados, cada uno de los maestros (as)se paran en su diario caminar, y reflexionan, meditan, cada día , cada noche, para que en su interior, desde el cerebro humano de su Masa Encefálica donde se anida el verdadero amor, y lo despiertan para sus estudiantes, entonces ese maestro, la maestra realmente aman la docencia, eso es lo que debemos de hacer cada docente de los cuatro vientos. ¿Porque hoy día, cada día estamos alejados del verdadero amor de la docencia?, y esto nos lleva a un caos, a una catástrofe en cuestión de la educación de alta calidad. Hay que rescatar los verdadero valores éticos, filosóficos, didácticos, en el salón de clases, en la biblioteca, en nuestros hogares, en nuestro diario caminar. Para que volvamos a las Sendas antiguas, con los principios del nuestro dios el Eterno, Los diez mandamientos. Solo así podremos convivir bien, en armonía con el estudiantado en el salón de clases, en los pasillos, con mucho respeto, pero con la confianza de todo un gran maestro (a) y cada estudiante. ¡Se, que, si se puede, cuando, queremos hacerlo bien!

Resumiendo, este maravilloso capitulo. Para amar, a los demás: debemos primero amarnos a nosotros mismos.

(Es de Dios. 1 Juan. 4:7). Dice así. Amados, amémonos unos a otros; porque el amor es de Dios. Todo aquel que ama, es nacido de Dios, y conoce a Dios. **4:7 amémonos unos a otros**. Esta frase en el versículo 7 es la clave para entender toda la sección (vea el versículo 21). El texto original transmite la idea de asegurarse de que el amor sea una práctica habitual. El apóstol ya ha escrito que quienes en verdad han nacido de nuevo exhiben a diario el habito característico del amor (cp. 2:10, 11; 3:14). **Todo aquel que ama, es nacido de Dios.** Aquellos que son nacidos de nuevo reciben la naturaleza de Dios (cp. 2Pedro. 1:4). Puesto que la naturaleza de Dios se caracteriza en esencia por el amor (vea también el versículo 8) los hijos de Dios también reflejan ese amor. Amor, Dios, hijos, nacer de nuevo, docente, maestro, estudiante, estudiantado, salón de clases, Casa, biblioteca. Si el docente de los diferentes niveles educativos, empezando con los de preescolar, los de escolar, los de secundaria, los de la preparatoria, de los universitarios, de las maestrías, de los postdoctorados, cada uno de los maestros (as)se paran en su diario caminar, y reflexionan, meditan, cada día , cada noche, para que en su interior, desde el cerebro humano de su Masa Encefálica donde se anida el verdadero amor, y lo despiertan para sus estudiantes, entonces ese maestro, la maestra realmente aman la docencia, eso es lo que debemos de hacer cada docente de los cuatro vientos. ¿Porque hoy día, cada día estamos alejados del verdadero amor de la docencia?, y esto nos lleva a un caos, a una catástrofe en cuestión de la educación de alta calidad. Hay que rescatar los verdadero valores éticos, filosóficos, didácticos, en el salón de clases, en la biblioteca, en nuestros hogares, en nuestro diario caminar. Para que volvamos a las Sendas antiguas, con los principios del nuestro dios el Eterno, Los diez mandamientos. Solo así podremos convivir bien, en armonía con el estudiantado en el salón de clases, en los pasillos, con mucho respeto, pero con la confianza de todo un gran maestro (a) y cada estudiante. Se, que, si se puede, cuando, queremos hacerlo bien.

ROMANOS 12:2
NO OS CONFORMÉIS A ESTE SIGLO,
SINO TRANSFORMAOS
POR MEDIO DE LA RENOVACIÓN DE
VUESTRO ENTENDIMIENTO,
PARA QUE COMPROBÉIS CUÁL SEA
LA BUENA VOLUNTAD DE DIOS,
AGRADABLE Y PERFECTA.

Capitulo tres.

El amor es un vínculo perfecto. (Colosenses. 3:14).

Resumen. El amor es un vínculo perfecto. (Colosenses. 3:14). Dice así: Y sobre todas estas cosas vestíos de amor, que es el vínculo perfecto.

3:14 el vínculo perfecto. Una traducción más precisa es "el vínculo perfecto de la unidad" (vea las notas sobre Efesios. 4:3; Filipenses. 1:27; 2:2). El amor sobrenatural derramado en el corazón de cada uno de los creyentes es el adhesivo que mantiene unida a la iglesia. Cp. Romanos 5:5; 1 tesalonicenses. 4:9.

Efesios. 4:3 dice así: solícitos en guardar la unidad del Espíritu en el vínculo de la paz. **4:3 la unidad del Espíritu.** La unidad concedida por el Espíritu a todos los creyentes verdaderos (vea. 1 Corintios. 6:17; 12: 11-13; Filipenses. 1:27; 2:2) ha creado el vinculo de la paz, aquel lazo espiritual que rodea y liga a tofos los que pertenecen al pueblo santo de Dios. Este vinculo perfecto es el amor (Colosenses. 3:14).

Palabras clave. Amor, estudiante, maestro, salón de clases, familia, padres, madres, hermanos, estudiantado. Vínculo perfecto, de Dios a través del Espíritu Santo.

Introducción.

El amor es un vínculo perfecto. (Colosenses. 3:14). Dice así: Y sobre todas estas cosas vestíos de amor, que es el vínculo perfecto.

3:14 el vínculo perfecto. Una traducción más precisa es "el vínculo perfecto de la unidad" (vea las notas sobre Efesios. 4:3; Filipenses. 1:27; 2:2). El amor sobrenatural derramado en el corazón de cada uno de los creyentes es el adhesivo que mantiene unida a la iglesia. Cp. Romanos 5:5; 1 tesalonicenses. 4:9.

Efesios. 4:3 dice así: solícitos en guardar la unidad del Espíritu en el vínculo de la paz. **4:3 la unidad del Espíritu.** La unidad concedida por el Espíritu a todos los creyentes verdaderos (vea. 1 Corintios. 6:17; 12: 11-13; Filipenses. 1:27; 2:2) ha creado el vínculo de la paz, aquel lazo espiritual que rodea y liga a tofos los que pertenecen al pueblo santo de Dios. Este vínculo perfecto es el amor (Colosenses. 3:14). Amor, estudiante, maestro, salón de clases, familia, padres, madres, hermanos, estudiantado. Vínculo perfecto, de Dios a través del Espíritu Santo. Pues bien, para que pueda existir un verdadero entre el docente y el estudiantado, se necesita tener interés, perseverancia, terquedad, y sobre todo que exista un verdadero vinculo entre el maestro y el estudiante , es decir que la relación de docente y estudiante sea sincera, con deseos de una mejor mejora en al enseñanza, en el aprendizaje, en la reciprocidad, de ambos entre la didáctica, en la pedagogía, en al psicología y la psico didáctica, y para ello, hay que iniciar hoy este día, y no dejar pasar un día, una noche, la relación de la reciprocidad de la amistad, y la vinculación del docente y el estudiante para cualquier asignatura, semestre, de la vinculación del amor, y solo así podremos avanzar hasta llegar a la cima, al final de la jornada. Pues bien, mano a la obra, hoy es el dia de la transformación espiritual y somática, entre la conciencia y la mente, de ambos, para que pueda existir una verdadera vinculación entre el docente y el estudiante, y solo así podremos avanzar lentamente pero seguro. Pues bien, iniciemos hoy, para poder existir un verdadero cambio interno y externo entre ambos, es decir, el docente y el estudiantado.

Metodología sistemática.

El amor es un vínculo perfecto. (Colosenses. 3:14). Dice así: Y sobre todas estas cosas vestíos de amor, que es el vínculo perfecto.

3:14 el vínculo perfecto. Una traducción más precisa es "el vínculo perfecto de la unidad" (vea las notas sobre Efesios. 4:3; Filipenses. 1:27; 2:2). El amor sobrenatural derramado en el corazón de cada uno de los creyentes es el adhesivo que mantiene unida a la iglesia. Cp. Romanos 5:5; 1 tesalonicenses. 4:9.

Efesios. 4:3 dice así: solícitos en guardar la unidad del Espíritu en el vínculo de la paz. **4:3 la unidad del Espíritu.** La unidad concedida por el Espíritu a todos los creyentes verdaderos (vea. 1 Corintios. 6:17; 12: 11-13; Filipenses. 1:27; 2:2) ha creado el vínculo de la paz, aquel lazo espiritual que rodea y liga a tofos los que pertenecen al pueblo santo de Dios. Este vínculo perfecto es el amor (Colosenses. 3:14). Amor, estudiante, maestro, salón de clases, familia, padres, madres, hermanos, estudiantado. Vínculo perfecto, de Dios a través del Espíritu Santo. Pues bien, para que pueda existir un verdadero entre el docente y el estudiantado, se necesita tener interés, perseverancia, terquedad, y sobre todo que exista un verdadero vínculo entre el maestro y el estudiante , es decir que la relación de docente y estudiante sea sincera, con deseos de una mejor mejora en la enseñanza, en el aprendizaje, en la reciprocidad, de ambos entre la didáctica, en la pedagogía, en al psicología y la psico didáctica, y para ello, hay que iniciar hoy este día, y no dejar pasar un día, una noche, la relación de la reciprocidad de la amistad, y la vinculación del docente y el estudiante para cualquier asignatura, semestre, de la vinculación del amor, y solo así podremos avanzar hasta llegar a la cima, al final de la jornada. Pues bien, mano a la obra, hoy es el día de la transformación espiritual y somática, entre la conciencia y la mente, de ambos, para que pueda existir una verdadera vinculación entre el docente y el estudiante, y solo así podremos avanzar lentamente pero seguro. Pues bien, iniciemos hoy, para poder existir un verdadero cambio interno y externo entre ambos, es decir, el docente y el estudiantado.

Discusión.

El amor es un vínculo perfecto. (Colosenses. 3:14). Dice así: Y sobre todas estas cosas vestíos de amor, que es el vínculo perfecto.

3:14 el vínculo perfecto. Una traducción más precisa es "el vínculo perfecto de la unidad" (vea las notas sobre Efesios. 4:3; Filipenses. 1:27; 2:2). El amor sobrenatural derramado en el corazón de cada uno de los creyentes es el adhesivo que mantiene unida a la iglesia. Cp. Romanos 5:5; 1 tesalonicenses. 4:9.

Efesios. 4:3 dice así: solícitos en guardar la unidad del Espíritu en el vínculo de la paz. **4:3 la unidad del Espíritu.** La unidad concedida por el Espíritu a todos los creyentes verdaderos (vea. 1 Corintios. 6:17; 12: 11-13; Filipenses. 1:27; 2:2) ha creado el vínculo de la paz, aquel lazo espiritual que rodea y liga a tofos los que pertenecen al pueblo santo de Dios. Este vínculo perfecto es el amor (Colosenses. 3:14). Amor, estudiante, maestro, salón de clases, familia, padres, madres, hermanos, estudiantado. Vínculo perfecto, de Dios a través del Espíritu Santo. Pues bien, para que pueda existir un verdadero entre el docente y el estudiantado, se necesita tener interés, perseverancia, terquedad, y sobre todo que exista un verdadero vínculo entre el maestro y el estudiante , es decir que la relación de docente y estudiante sea sincera, con deseos de una mejor mejora en la enseñanza, en el aprendizaje, en la reciprocidad, de ambos entre la didáctica, en la pedagogía, en al psicología y la psico didáctica, y para ello, hay que iniciar hoy este día, y no dejar pasar un día, una noche, la relación de la reciprocidad de la amistad, y la vinculación del docente y el estudiante para cualquier asignatura, semestre, de la vinculación del amor, y solo así podremos avanzar hasta llegar a la cima, al final de la jornada. Pues bien, mano a la obra, hoy es el día de la transformación espiritual y somática, entre la conciencia y la mente, de ambos, para que pueda existir una verdadera vinculación entre el docente y el estudiante, y solo así podremos avanzar lentamente pero seguro. Pues bien, iniciemos hoy, para poder existir un verdadero cambio interno y externo entre ambos, es decir, el docente y el estudiantado.

Imagen.

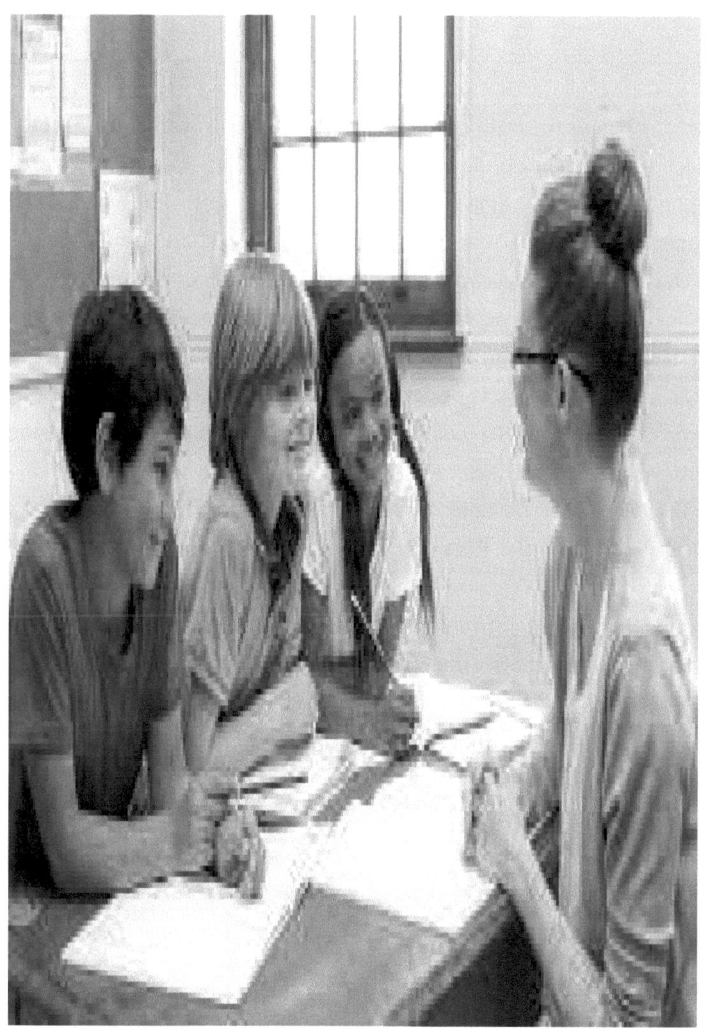

Cuadro mental.

Amor, estudiante, maestro, salón de clases, familia, padres, madres, hermanos, estudiantado. Vínculo perfecto, de Dios a través del Espíritu Santo. Pues bien, para que pueda existir un verdadero entre el docente y el estudiantado, se necesita tener interés, perseverancia, terquedad, y sobre todo que exista un verdadero vínculo entre el maestro y el estudiante , es decir que la relación de docente y estudiante sea sincera, con deseos de una mejor mejora en la enseñanza, en el aprendizaje, en la reciprocidad, de ambos entre la didáctica, en la pedagogía, en la psicología y la psico didáctica, y para ello, hay que iniciar hoy este día, y no dejar pasar un día, una noche, la relación de la reciprocidad de la amistad, y la vinculación del docente y el estudiante para cualquier asignatura, semestre, de la vinculación del amor, y solo así podremos avanzar hasta llegar a la cima, al final de la jornada. Pues bien, mano a la obra, hoy es el día de la transformación espiritual y somática, entre la conciencia y la mente, de ambos, para que pueda existir una verdadera vinculación entre el docente y el estudiante, y solo así podremos avanzar lentamente pero seguro. Pues bien, iniciemos hoy, para poder existir un verdadero cambio interno y externo entre ambos, es decir, el docente y el estudiantado. Es del docente y el estudiantado en el salón de clases, día tras día, y es muy importante la vinculación para pueda existir una relación de enlaces, de des enlaces., y de reenlaces con su reciprocidad, y así poder llegar a un pensamiento simple y complejo para que después puedan entablar una relacio0n con fines de servid a los demás, en su momento, tiempo y espacio, y poder ser útiles nate la sociedad, en sus hogares en sus escuelas.

Recapitulación.

El amor es un vínculo perfecto. (Colosenses. 3:14). Dice así: Y sobre todas estas cosas vestíos de amor, que es el vínculo perfecto.

3:14 el vínculo perfecto. Una traducción más precisa es "el vínculo perfecto de la unidad" (vea las notas sobre Efesios. 4:3; Filipenses. 1:27; 2:2). El amor sobrenatural derramado en el corazón de cada uno de los creyentes es el adhesivo que mantiene unida a la iglesia. Cp. Romanos 5:5; 1 tesalonicenses. 4:9.

Efesios. 4:3 dice así: solícitos en guardar la unidad del Espíritu en el vínculo de la paz. **4:3 la unidad del Espíritu.** La unidad concedida por el Espíritu a todos los creyentes verdaderos (vea. 1 Corintios. 6:17; 12: 11-13; Filipenses. 1:27; 2:2) ha creado el vínculo de la paz, aquel lazo espiritual que rodea y liga a tofos los que pertenecen al pueblo santo de Dios. Este vínculo perfecto es el amor (Colosenses. 3:14). Amor, estudiante, maestro, salón de clases, familia, padres, madres, hermanos, estudiantado. Vínculo perfecto, de Dios a través del Espíritu Santo. Pues bien, para que pueda existir un verdadero entre el docente y el estudiantado, se necesita tener interés, perseverancia, terquedad, y sobre todo que exista un verdadero vínculo entre el maestro y el estudiante , es decir que la relación de docente y estudiante sea sincera, con deseos de una mejor mejora en la enseñanza, en el aprendizaje, en la reciprocidad, de ambos entre la didáctica, en la pedagogía, en al psicología y la psico didáctica, y para ello, hay que iniciar hoy este día, y no dejar pasar un día, una noche, la relación de la reciprocidad de la amistad, y la vinculación del docente y el estudiante para cualquier asignatura, semestre, de la vinculación del amor, y solo así podremos avanzar hasta llegar a la cima, al final de la jornada. Pues bien, mano a la obra, hoy es el día de la transformación espiritual y somática, entre la conciencia y la mente, de ambos, para que pueda existir una verdadera vinculación entre el docente y el estudiante, y solo así podremos avanzar lentamente pero seguro. Pues bien, iniciemos hoy, para poder existir un verdadero cambio interno y externo entre ambos, es decir, el docente y el estudiantado.

UNIVERSIDAD
ABIERTA

Resumiendo, este hermosos capitulo. El amor es un vínculo perfecto. (Colosenses. 3:14). Dice así: Y sobre todas estas cosas vestíos de amor, que es el vínculo perfecto.

3:14 el vínculo perfecto. Una traducción más precisa es "el vínculo perfecto de la unidad" (vea las notas sobre Efesios. 4:3; Filipenses. 1:27; 2:2). El amor sobrenatural derramado en el corazón de cada uno de los creyentes es el adhesivo que mantiene unida a la iglesia. Cp. Romanos 5:5; 1 tesalonicenses. 4:9.

Efesios. 4:3 dice así: solícitos en guardar la unidad del Espíritu en el vínculo de la paz. **4:3 la unidad del Espíritu.** La unidad concedida por el Espíritu a todos los creyentes verdaderos (vea. 1 Corintios. 6:17; 12: 11-13; Filipenses. 1:27; 2:2) ha creado el vínculo de la paz, aquel lazo espiritual que rodea y liga a tofos los que pertenecen al pueblo santo de Dios. Este vínculo perfecto es el amor (Colosenses. 3:14). Amor, estudiante, maestro, salón de clases, familia, padres, madres, hermanos, estudiantado. Vínculo perfecto, de Dios a través del Espíritu Santo. Pues bien, para que pueda existir un verdadero entre el docente y el estudiantado, se necesita tener interés, perseverancia, terquedad, y sobre todo que exista un verdadero vínculo entre el maestro y el estudiante , es decir que la relación de docente y estudiante sea sincera, con deseos de una mejor mejora en la enseñanza, en el aprendizaje, en la reciprocidad, de ambos entre la didáctica, en la pedagogía, en al psicología y la psico didáctica, y para ello, hay que iniciar hoy este día, y no dejar pasar un día, una noche, la relación de la reciprocidad de la amistad, y la vinculación del docente y el estudiante para cualquier asignatura, semestre, de la vinculación del amor, y solo así podremos avanzar hasta llegar a la cima, al final de la jornada. Pues bien, mano a la obra, hoy es el día de la transformación espiritual y somática, entre la conciencia y la mente, de ambos, para que pueda existir una verdadera vinculación entre el docente y el estudiante, y solo así podremos avanzar lentamente pero seguro. Pues bien, iniciemos hoy, para poder existir un verdadero cambio interno y externo entre ambos, es decir, el docente y el estudiantado.

Capítulo cuatro. El amor es un vínculo de unión. (Colosenses. 2:2).

Resumen. El amor es un vínculo de unión. (Colosenses. 2:2). Para que sean consolados sus corazones, unidos en amor, hasta alcanzar todas las riquezas de pleno entendimiento, a fin de conocer el misterio de Dios el P adre, y de Cristo.

2:2 las riquezas de pleno entendimiento. "Entendimiento" de la plenitud del evangelio, así como aliento y amor comunes en el interior son algunas de las marcas de los creyentes maduros que disfrutan la "seguridad" de la salvación (vea las notas sobre 2 Pedro. 1:5-8). **misterio.** Vea la nota sobre Colosenses. 1:26**, de Dios...Cristo.** Cp. 4:3. Si se omite la frase entre "Dios" y "Cristo", la cual es muy probable que no estuviera en el texto original, no cambia el significado. El punto es que el misterio al que Pablo se refirió aquí es que el Mesías Cristo es Dios mismo encarnado (cp. 1 Timoteo. 3:16).

Palabras clave.

Amor, vinculo, unión, docente, estudiantado, salón de clases, biblioteca, hogar, enlace, desenlace, reenlace, pensamiento simple y pensamiento complejo.

Introducción. El amor es un vínculo de unión. (Colosenses. 2:2). Para que sean consolados sus corazones, unidos en amor, hasta alcanzar todas las riquezas de pleno entendimiento, a fin de conocer el misterio de Dios el P adre, y de Cristo.

2:2 las riquezas de pleno entendimiento. "Entendimiento" de la plenitud del evangelio, así como aliento y amor comunes en el interior son algunas de las marcas de los creyentes maduros que disfrutan la "seguridad" de la salvación (vea las notas sobre 2 Pedro. 1:5-8). **misterio.** Vea la nota sobre Colosenses. 1:26**, de Dios...Cristo.** Cp. 4:3. Si se omite la frase entre "Dios" y "Cristo", la cual es muy probable que no estuviera en el texto original, no cambia el significado. El punto es que el misterio al que Pablo se refirió aquí es que el Mesías Cristo es Dios mismo encarnado (cp. 1 Timoteo. 3:16). Amor, vinculo, unión, docente, estudiantado, salón de clases, biblioteca, hogar, enlace, desenlace, reenlace, pensamiento simple y pensamiento complejo. Cuando un maestro(a) aman al estudiantado en su semestre, o anual , licenciatura, maestría o doctorado, postdoctorado, etc., etc., y ese vínculo el estudiante permite que exista un enlace entre el docente y estudiante, pues claro que todo marchara muy bien, aquí lo importante es que tanto el maestro como el estudiante sea viable para que exista ese vinculo fuerte, como si fuere tres lazos entrelazados, es muy difícil que cualquier problema haya, que exista una ruptura, es por ello, que es de suma importancia, reconocer la vinculación entre el docente y el estudiantado, para que se unan sus sabiduría de ambos lados, todos aprendemos de todos, el maestro aprende del estudiante y el estudiante aprende del docente, y así se vinculan ambos conocimiento y se refuerzan sus lazos de vinculación, y so así podremos ser útiles ante la sociedad, servir a los demás, para que ellos y ellas nos sirvan en lugar, tiempo y espacio. y vale la pena y valió la pena los enlaces, les des enlaces y los reenlaces, creo que vamos muy bien, hasta en este momento, este libro es muy útil para todo aquel o aquella que quiera ser útil consigo mismo, y con la misma sociedad. Vamos muy bien, estamos dejando la semilla en tierra fértil con el docente y el estudiantado. ¡Adelante pues! Todo con amor, se puede hacer lo que uno quiere hacer, ante la sociedad y consigo mismo, para el bien de todos y cada uno de nosotros. ¿Usted lo cree?

Metodología sistemática. El amor es un vínculo de unión. (Colosenses. 2:2). Para que sean consolados sus corazones, unidos en amor, hasta alcanzar todas las riquezas de pleno entendimiento, a fin de conocer el misterio de Dios el P adre, y de Cristo.

2:2 las riquezas de pleno entendimiento. "Entendimiento" de la plenitud del evangelio, así como aliento y amor comunes en el interior son algunas de las marcas de los creyentes maduros que disfrutan la "seguridad" de la salvación (vea las notas sobre 2 Pedro. 1:5-8). **misterio.** Vea la nota sobre Colosenses. 1:26**, de Dios...Cristo.** Cp. 4:3. Si se omite la frase entre "Dios" y "Cristo", la cual es muy probable que no estuviera en el texto original, no cambia el significado. El punto es que el misterio al que Pablo se refirió aquí es que el Mesías Cristo es Dios mismo encarnado (cp. 1 Timoteo. 3:16). Amor, vinculo, unión, docente, estudiantado, salón de clases, biblioteca, hogar, enlace, desenlace, reenlace, pensamiento simple y pensamiento complejo. Cuando un maestro(a) aman al estudiantado en su semestre, o anual , licenciatura, maestría o doctorado, postdoctorado, etc., etc., y ese vínculo el estudiante permite que exista un enlace entre el docente y estudiante, pues claro que todo marchara muy bien, aquí lo importante es que tanto el maestro como el estudiante sea viable para que exista ese vínculo fuerte, como si fuere tres lazos entrelazados, es muy difícil que cualquier problema haya, que exista una ruptura, es por ello, que es de suma importancia, reconocer la vinculación entre el docente y el estudiantado, para que se unan sus sabiduría de ambos lados, todos aprendemos de todos, el maestro aprende del estudiante y el estudiante aprende del docente, y así se vinculan ambos conocimiento y se refuerzan sus lazos de vinculación, y so así podremos ser útiles ante la sociedad, servir a los demás, para que ellos y ellas nos sirvan en lugar, tiempo y espacio. y vale la pena y valió la pena los enlaces, les des enlaces y los reenlaces, creo que vamos muy bien, hasta en este momento, este libro es muy útil para todo aquel o aquella que quiera ser útil consigo mismo, y con la misma sociedad. Vamos muy bien, estamos dejando la semilla en tierra fértil con el docente y el estudiantado. ¡Adelante pues! Todo con amor, se puede hacer lo que uno quiere hacer, ante la sociedad y consigo mismo, para el bien de todos y cada uno de nosotros. ¿Usted lo cree? ¡Yo sí!

Discusión. Creo que vamos por un buen camino con este hermoso libro que trae mucha vinculación de la enseñanza, aprendizaje y didáctica, psico didáctica y pedagogía, para el docente y el estudiantado de los cuatri vientos. **2:2 las riquezas de pleno entendimiento.** "Entendimiento" de la plenitud del evangelio, así como aliento y amor comunes en el interior son algunas de las marcas de los creyentes maduros que disfrutan la "seguridad" de la salvación (vea las notas sobre 2 Pedro. 1:5-8). **misterio.** Vea la nota sobre Colosenses. 1:26**, de Dios…Cristo.** Cp. 4:3. Si se omite la frase entre "Dios" y "Cristo", la cual es muy probable que no estuviera en el texto original, no cambia el significado. El punto es que el misterio al que Pablo se refirió aquí es que el Mesías Cristo es Dios mismo encarnado (cp. 1 Timoteo. 3:16). Amor, vinculo, unión, docente, estudiantado, salón de clases, biblioteca, hogar, enlace, desenlace, reenlace, pensamiento simple y pensamiento complejo. Cuando un maestro(a) aman al estudiantado en su semestre, o anual , licenciatura, maestría o doctorado, postdoctorado, etc., etc., y ese vínculo el estudiante permite que exista un enlace entre el docente y estudiante, pues claro que todo marchara muy bien, aquí lo importante es que tanto el maestro como el estudiante sea viable para que exista ese vínculo fuerte, como si fuere tres lazos entrelazados, es muy difícil que cualquier problema haya, que exista una ruptura, es por ello, que es de suma importancia, reconocer la vinculación entre el docente y el estudiantado, para que se unan sus sabiduría de ambos lados, todos aprendemos de todos, el maestro aprende del estudiante y el estudiante aprende del docente, y así se vinculan ambos conocimiento y se refuerzan sus lazos de vinculación, y so así podremos ser útiles ante la sociedad, servir a los demás, para que ellos y ellas nos sirvan en lugar, tiempo y espacio. y vale la pena y valió la pena los enlaces, les des enlaces y los reenlaces, creo que vamos muy bien, hasta en este momento, este libro es muy útil para todo aquel o aquella que quiera ser útil consigo mismo, y con la misma sociedad. Vamos muy bien, estamos dejando la semilla en tierra fértil con el docente y el estudiantado. ¡Adelante pues! Todo con amor, se puede hacer lo que uno quiere hacer, ante la sociedad y consigo mismo, para el bien de todos y cada uno de nosotros. ¿Usted lo cree? ¡Yo sí!

Imagen.

Cuadro mental.

Creo que vamos por un buen camino con este hermoso libro que trae mucha vinculación de la enseñanza, aprendizaje y didáctica, psico didáctica y pedagogía, para el docente y el estudiantado de los cuatri vientos. **2:2 las riquezas de pleno entendimiento.** "Entendimiento" de la plenitud del evangelio, así como aliento y amor comunes en el interior son algunas de las marcas de los creyentes maduros que disfrutan la "seguridad" de la salvación (vea las notas sobre 2 Pedro. 1:5-8). **misterio.** Vea la nota sobre Colosenses. 1:26**, de Dios...Cristo.** Cp. 4:3. Si se omite la frase entre "Dios" y "Cristo", la cual es muy probable que no estuviera en el texto original, no cambia el significado. El punto es que el misterio al que Pablo se refirió aquí es que el Mesías Cristo es Dios mismo encarnado (cp. 1 Timoteo. 3:16). Amor, vinculo, unión, docente, estudiantado, salón de clases, biblioteca, hogar, enlace, desenlace, reenlace, pensamiento simple y pensamiento complejo. Cuando un maestro(a) aman al estudiantado en su semestre, o anual , licenciatura, maestría o doctorado, postdoctorado, etc., etc., y ese vínculo el estudiante permite que exista un enlace entre el docente y estudiante, pues claro que todo marchara muy bien, aquí lo importante es que tanto el maestro como el estudiante sea viable para que exista ese vínculo fuerte, como si fuere tres lazos entrelazados, es muy difícil que cualquier problema haya, que exista una ruptura, es por ello, que es de suma importancia, reconocer la vinculación entre el docente y el estudiantado, para que se unan sus sabiduría de ambos lados, todos aprendemos de todos, el maestro aprende del estudiante y el estudiante aprende del docente, y así se vinculan ambos conocimiento y se refuerzan sus lazos de vinculación, y so así podremos ser útiles ante la sociedad, servir a los demás, para que ellos y ellas nos sirvan en lugar, tiempo y espacio. y vale la pena y valió la pena los enlaces, les des enlaces y los reenlaces, creo que vamos muy bien, hasta en este momento, este libro es muy útil para todo aquel o aquella que quiera ser útil consigo mismo, y con la misma sociedad. Vamos muy bien, estamos dejando la semilla en tierra fértil con el docente y el estudiantado. ¡Adelante pues!

Recapitulación.

El amor en un vínculo de unión, entre el docente y el estudiantado, para que pueda existir, una excelente vinculación en ambos, deben de estar en contacto día y noche, en cualquier momento, tiempo, espacio y lugar y reflexionar, mediar comprender , exhortar, y elaborar mapas, cuadros cognitivos para que esa unión sea como un lazo tan fuerte que nadie puede romper, y mucho menos las filosofías erróneas, las envidias, las quejas, los soberbios, los que dicen que todo o entienden, y no entienden nada. Creo que vamos por un buen camino con este hermoso libro que trae mucha vinculación de la enseñanza, aprendizaje y didáctica, psico didáctica y pedagogía, para el docente y el estudiantado de los cuatri vientos. **2:2 las riquezas de pleno entendimiento.** "Entendimiento" de la plenitud del evangelio, así como aliento y amor comunes en el interior son algunas de las marcas de los creyentes maduros que disfrutan la "seguridad" de la salvación (vea las notas sobre 2 Pedro. 1:5-8). **misterio.** Vea la nota sobre Colosenses. 1:26**, de Dios…Cristo.** Cp. 4:3. Si se omite la frase entre "Dios" y "Cristo", la cual es muy probable que no estuviera en el texto original, no cambia el significado. El punto es que el misterio al que Pablo se refirió aquí es que el Mesías Cristo es Dios mismo encarnado (cp. 1 Timoteo. 3:16). Amor, vinculo, unión, docente, estudiantado, salón de clases, biblioteca, hogar, enlace, desenlace, reenlace, pensamiento simple y pensamiento complejo. Cuando un maestro(a) aman al estudiantado en su semestre, o anual , licenciatura, maestría o doctorado, postdoctorado, etc., etc., y ese vínculo el estudiante permite que exista un enlace entre el docente y estudiante, pues claro que todo marchara muy bien, aquí lo importante es que tanto el maestro como el estudiante sea viable para que exista ese vínculo fuerte, como si fuere tres lazos entrelazados, es muy difícil que cualquier problema haya, que exista una ruptura, es por ello, que es de suma importancia, reconocer la vinculación entre el docente y el estudiantado, para que se unan sus sabiduría de ambos lados, todos aprendemos de todos, el maestro aprende del estudiante y el estudiante aprende del docente, y así se vinculan ambos conocimiento y se refuerzan sus lazos de vinculación, y so así podremos ser útiles ante la sociedad, servir a los demás, para que ellos y ellas nos sirvan , en lugar, tiempo y espacio. y vale la pena y valió la pena los enlaces, les des enlaces y los reenlaces, creo que vamos muy bien, hasta en este momento, este libro es muy útil para todo aquel o aquella que quiera ser útil consigo mismo, y con la misma sociedad. Vamos muy bien, estamos dejando la semilla en tierra fértil con el docente y el estudiantado. ¡Adelante pues! Todo con amor, se puede hacer lo que uno quiere hacer, ante la sociedad y consigo mismo, para el bien de todos y cada uno de nosotros. ¿Usted lo cree? ¡Yo sí! Creo que vamos muy bien, respecto a que debemos de luchar constantemente para poder salir de la Sima (del abismo)e iniciar el camino correcto que nos llevara a la Cima (alto). Creo que vamos por un buen camino con este hermoso libro que trae mucha vinculación de la enseñanza, aprendizaje y didáctica, psico didáctica y pedagogía, para el docente y el estudiantado de los cuatrl vientos. **2:2 las riquezas de pleno entendimiento.** "Entendimiento" de la plenitud del evangelio, así como aliento y amor comunes en el interior son algunas de las marcas de los creyentes maduros que disfrutan la "seguridad" de la salvación (vea las notas sobre 2 Pedro. 1:5-8). **misterio.** Vea la nota sobre Colosenses. 1:26**, de Dios...Cristo.** Cp. 4:3. Si se omite la frase entre "Dios" y "Cristo", la cual es muy probable que no estuviera en el texto original, no cambia el significado. El punto es que el misterio al que Pablo se refirió aquí es que el Mesías Cristo es Dios mismo encarnado (cp. 1 Timoteo. 3:16). Amor, vinculo, unión, docente, estudiantado, salón de clases, biblioteca, hogar, enlace, desenlace, reenlace, pensamiento simple y pensamiento complejo. Cuando un maestro(a) aman al estudiantado en su semestre, o anual , licenciatura, maestría o doctorado, postdoctorado, etc., etc., y ese vínculo el estudiante permite que exista un enlace entre el docente y estudiante, pues claro que todo marchara muy bien, aquí lo importante es que tanto el maestro como el estudiante sea viable para que exista ese vínculo fuerte, como si fuere tres lazos entrelazados, es muy difícil que cualquier problema haya, que exista una ruptura, es por ello, que es de suma importancia, reconocer la vinculación entre el docente y el estudiantado, para que se unan sus sabiduría de ambos lados, todos aprendemos de todos, el maestro aprende del estudiante y el estudiante aprende del docente, y así se vinculan ambos .

Conocimiento y se refuerzan sus lazos de vinculación, y so así podremos ser útiles ante la sociedad, servir a los demás, para que ellos y ellas nos sirvan en lugar, tiempo y espacio. y vale la pena y valió la pena los enlaces, les des enlaces y los reenlaces, creo que vamos muy bien, hasta en este momento, este libro es muy útil para todo aquel o aquella que quiera ser útil consigo mismo, y con la misma sociedad. Vamos muy bien, estamos dejando la semilla en tierra fértil con el docente y el estudiantado. ¡Adelante pues! Todo con amor, se puede hacer lo que uno quiere hacer, ante la sociedad y consigo mismo, para el bien de todos y cada uno de nosotros. ¿Usted lo cree? ¡Yo sí!

Capítulo cinco.

Debe mostrarse hacia los estudiantes, el amor. (1 Pedro. 2.17; 1 Juan. 5:1).

Resumen.

Debe mostrarse hacia los estudiantes, el amor. (1 Pedro. 2.17; 1 Juan. 5:1).

1 Pedro. 2:17 dice así: Honrad a todos. Amad a los hermanos. Temed a Dios. Honrad al rey. **2:17 Honrad.** Se refiere a tener en alta estima y no solo al cumplimiento mecánico del deber, sino a una actitud interior de respeto y obediencia, **los hermanos.** La iglesia. Cp. 1:22; 3:8; 4:8; 5:14.

I Juan. 5: 1 dice así: Todo aquel que cree que Jesús es el Cristo, es nacido de Dios; y todo aquel que ama al que engendro, ama también al que ha sido engendrado por él. 5:1 **Todo aquel que cree.** La fe que salva es la primera característica de un vencedor. El termino "cree" alude a la noción de una fe continua y muestra que la marca de los creyentes genuinos es que continúan y perseveran en la fe a lo largo de la vida de ellos. La creencia salvadora no es una simple aceptación intelectual, sino una dedicación permanente y de todo corazón a Jesús. **Jesús es el Cristo.**

Palabras clave. Amor, perseverancia, constancia, terquedad, sabiduría, inteligencia, consejería, poder, conocimiento, reverencia al Creador.

Introducción. Debe mostrarse hacia los estudiantes, el amor. (1 Pedro. 2.17; 1 Juan. 5:1).

1 Pedro. 2:17 dice así: Honrad a todos. Amad a los hermanos. Temed a Dios. Honrad al rey. **2:17 Honrad.** Se refiere a tener en alta estima y no solo al cumplimiento mecánico del deber, sino a una actitud interior de respeto y obediencia, **los hermanos.** La iglesia. Cp. 1:22; 3:8; 4:8; 5:14.

I Juan. 5: 1 dice así: Todo aquel que cree que Jesús es el Cristo, es nacido de Dios; y todo aquel que ama al que engendro, ama también al que ha sido engendrado por él. 5:1 **Todo aquel que cree.** La fe que salva es la primera característica de un vencedor. El término "cree" alude a la noción de una fe continua y muestra que la marca de los creyentes genuinos es que continúan y perseveran en la fe a lo largo de la vida de ellos. La creencia salvadora no es una simple aceptación intelectual, sino una dedicación permanente y de todo corazón a Jesús. **Jesús es el Cristo.** El objeto de la fe del creyente es Jesús, en particular sobre sobre su condición como el Mesías prometido o "Ungido" a quien Dios envió para ser el Salvador del pecado. Todo aquel que deposita su fe en Jesucristo como el único Salvador ha nacido de nuevo y como resultado es un vencedor (versículo 5). **Nacido de Dios**. Esta es una referencia al nuevo nacimiento y es la misma palabra que Jesús uso en Juan. 3:7. El tiempo del verbo griego indica que la fe constante es resultado del nuevo nacimiento y, por ende, es una evidencia confiable del nuevo nacimiento. Los hijos de Dios manifestaran la realidad de que han nacido de nuevo al no dejar nunca de creer en el Hijo de Dios, Jesucristo el Salvador. El nuevo nacimiento nos lleva a una relación permanente de fe y fidelidad con Dios y Cristo**. todo aquel que ama al que engendro, ama también al que ha sido engendrado por él.** el amor es la segunda característica del vencedor, porque no solo cree en Dios, sino que ama tanto a Dios como a sus hermanos en la fe. De nuevo, aquí se considera la aplicación de la prueba moral.

Amor, perseverancia, constancia, terquedad, sabiduría, inteligencia, consejería, poder, conocimiento, reverencia al Creador.

Metodología sistemática.

Debe mostrarse hacia los estudiantes, el amor. (1 Pedro. 2.17; 1 Juan. 5:1).

1 Pedro. 2:17 dice así: Honrad a todos. Amad a los hermanos. Temed a Dios. Honrad al rey. **2:17 Honrad.** Se refiere a tener en alta estima y no solo al cumplimiento mecánico del deber, sino a una actitud interior de respeto y obediencia, **los hermanos.** La iglesia. Cp. 1:22; 3:8; 4:8; 5:14.

I Juan. 5: 1 dice así: Todo aquel que cree que Jesús es el Cristo, es nacido de Dios; y todo aquel que ama al que engendro, ama también al que ha sido engendrado por él. 5:1 **Todo aquel que cree.** La fe que salva es la primera característica de un vencedor. El término "cree" alude a la noción de una fe continua y muestra que la marca de los creyentes genuinos es que continúan y perseveran en la fe a lo largo de la vida de ellos. La creencia salvadora no es una simple aceptación intelectual, sino una dedicación permanente y de todo corazón a Jesús. **Jesús es el Cristo.** El objeto de la fe del creyente es Jesús, en particular sobre sobre su condición como el Mesías prometido o "Ungido" a quien Dios envió para ser el Salvador del pecado. Todo aquel que deposita su fe en Jesucristo como el único Salvador ha nacido de nuevo y como resultado es un vencedor (versículo 5). **Nacido de Dios**. Esta es una referencia al nuevo nacimiento y es la misma palabra que Jesús uso en Juan. 3:7. El tiempo del verbo griego indica que la fe constante es resultado del nuevo nacimiento y, por ende, es una evidencia confiable del nuevo nacimiento. Los hijos de Dios manifestaran la realidad de que han nacido de nuevo al no dejar nunca de creer en el Hijo de Dios, Jesucristo el Salvador. El nuevo nacimiento nos lleva a una relación permanente de fe y fidelidad con Dios y Cristo**. todo aquel que ama al que engendro, ama también al que ha sido engendrado por él.** el amor es la segunda característica del vencedor, porque no solo cree en Dios, sino que ama tanto a Dios como a sus hermanos en la fe. De nuevo, aquí se considera la aplicación de la prueba moral.

Amor, perseverancia, constancia, terquedad, sabiduría, inteligencia, consejería, poder, conocimiento, reverencia al Creador.

Discusión.

¿Por qué hoy el estudiantado a nivel universitario, se ha perdido el respeto entre el docente y el estudiante, Hay varias razones: una hoy día, la mayoría de los estudiantes, no aceptan ser reprobados en alguna asignatura, no aceptan una caída, y debería ser todo lo contrario las caídas (reprobadas) deberían de ser pruebas, para razonar, mediar y analizarse ¡porque el estudiante o la estudiante reprobó la asignatura ya sea parcial o el final!, y analizarse sus debilidades y sus fortalezas, y cuándo se de cuenta, entonces debe de levantarse, yo pienso que son pruebas para cada estudiante, cuando a veces, no estudiamos , tal como debe de ser, no le damos el tiempo que la asignatura nos pide, día a día, noche tras noche, y los resultados son fatales. Creo que falta la palabra llamada "amor" para que exista una excelente vinculación, debe de existir amor en el docente y en el estudiante, para que exista esa vinculación viable y que todo marche muy bien, y solo así, podremos ser servidores públicos, ante la sociedad que nos rodea, hoy día. El amor vence fronteras, el amor todo lo puede, cuándo en verdad amamos al prójimo, al docente, al estudiante, en nuestros hogares, en fin, el amor es global. **Nacido de Dios**. Esta es una referencia al nuevo nacimiento y es la misma palabra que Jesús uso en Juan. 3:7. El tiempo del verbo griego indica que la fe constante es resultado del nuevo nacimiento y, por ende, es una evidencia confiable del nuevo nacimiento. Los hijos de Dios manifestaran la realidad de que han nacido de nuevo al no dejar nunca de creer en el Hijo de Dios, Jesucristo el Salvador. El nuevo nacimiento nos lleva a una relación permanente de fe y fidelidad con Dios y Cristo**. todo aquel que ama al que engendro, ama también al que ha sido engendrado por él.** el amor es la segunda característica del vencedor, porque no solo cree en Dios, sino que ama tanto a Dios como a sus hermanos en la fe. De nuevo, aquí se considera la aplicación de la prueba moral. Amor, perseverancia, constancia, terquedad, sabiduría, inteligencia, consejería, poder, conocimiento, reverencia al Creador.

Recapitulación.

¿Por qué hoy el estudiantado a nivel universitario, se ha perdido el respeto entre el docente y el estudiante, Hay varias razones: una hoy día, la mayoría de los estudiantes, no aceptan ser reprobados en alguna asignatura, no aceptan una caída, y debería ser todo lo contrario las caídas (reprobadas) deberían de ser pruebas, para razonar, mediar y analizarse ¡porque el estudiante o la estudiante reprobó la asignatura ya sea parcial o el final!, y analizarse sus debilidades y sus fortalezas, y cuándo se dé cuenta, entonces debe de levantarse, yo pienso que son pruebas para cada estudiante, cuando a veces, no estudiamos , tal como debe de ser, no le damos el tiempo que la asignatura nos pide, día a día, noche tras noche, y los resultados son fatales. Creo que falta la palabra llamada "amor" para que exista una excelente vinculación, debe de existir amor en el docente y en el estudiante, para que exista esa vinculación viable y que todo marche muy bien, y solo así, podremos ser servidores públicos, ante la sociedad que nos rodea, hoy día. El amor vence fronteras, el amor todo lo puede, cuándo en verdad amamos al prójimo, al docente, al estudiante, en nuestros hogares, en fin, el amor es global. **Nacido de Dios**. Esta es una referencia al nuevo nacimiento y es la misma palabra que Jesús uso en Juan. 3:7. El tiempo del verbo griego indica que la fe constante es resultado del nuevo nacimiento y, por ende, es una evidencia confiable del nuevo nacimiento. Los hijos de Dios manifestaran la realidad de que han nacido de nuevo al no dejar nunca de creer en el Hijo de Dios, Jesucristo el Salvador. El nuevo nacimiento nos lleva a una relación permanente de fe y fidelidad con Dios y Cristo**. todo aquel que ama al que engendro, ama también al que ha sido engendrado por él.** el amor es la segunda característica del vencedor, porque no solo cree en Dios, sino que ama tanto a Dios como a sus hermanos en la fe. De nuevo, aquí se considera la aplicación de la prueba moral. Amor, perseverancia, constancia, terquedad, sabiduría, inteligencia, consejería, poder, conocimiento, reverencia al Creador

Imagen.

Resumen de este hermoso capitulo.

¿Por qué hoy el estudiantado a nivel universitario, se ha perdido el respeto entre el docente y el estudiante, Hay varias razones: una hoy día, la mayoría de los estudiantes, no aceptan ser reprobados en alguna asignatura, no aceptan una caída, y debería ser todo lo contrario las caídas (reprobadas) deberían de ser pruebas, para razonar, mediar y analizarse ¡porque el estudiante o la estudiante reprobó la asignatura ya sea parcial o el final!, y analizarse sus debilidades y sus fortalezas, y cuándo se dé cuenta, entonces debe de levantarse, yo pienso que son pruebas para cada estudiante, cuando a veces, no estudiamos , tal como debe de ser, no le damos el tiempo que la asignatura nos pide, día a día, noche tras noche, y los resultados son fatales. Creo que falta la palabra llamada "amor" para que exista una excelente vinculación, debe de existir amor en el docente y en el estudiante, para que exista esa vinculación viable y que todo marche muy bien, y solo así, podremos ser servidores públicos, ante la sociedad que nos rodea, hoy día. El amor vence fronteras, el amor todo lo puede, cuándo en verdad amamos al prójimo, al docente, al estudiante, en nuestros hogares, en fin, el amor es global. **Nacido de Dios**. Esta es una referencia al nuevo nacimiento y es la misma palabra que Jesús uso en Juan. 3:7. El tiempo del verbo griego indica que la fe constante es resultado del nuevo nacimiento y, por ende, es una evidencia confiable del nuevo nacimiento. Los hijos de Dios manifestaran la realidad de que han nacido de nuevo al no dejar nunca de creer en el Hijo de Dios, Jesucristo el Salvador. El nuevo nacimiento nos lleva a una relación permanente de fe y fidelidad con Dios y Cristo. **todo aquel que ama al que engendro, ama también al que ha sido engendrado por él.** el amor es la segunda característica del vencedor, porque no solo cree en Dios, sino que ama tanto a Dios como a sus hermanos en la fe. De nuevo, aquí se considera la aplicación de la prueba moral. Amor, perseverancia, constancia, terquedad, sabiduría, inteligencia, consejería, poder, conocimiento, reverencia al Creador

Cuadro mental.

Debe mostrarse hacia los estudiantes, el amor. (1 Pedro. 2.17; 1 Juan. 5:1). 1 Pedro. 2:17 dice así: Honrad a todos. Amad a los hermanos. Temed a Dios. Honrad al rey. **2:17 Honrad.** Se refiere a tener en alta estima y no solo al cumplimiento mecánico del deber, sino a una actitud interior de respeto y obediencia, **los hermanos.** La iglesia. Cp. 1:22; 3:8; 4:8; 5:14.

I Juan. 5: 1 dice así: Todo aquel que cree que Jesús es el Cristo, es nacido de Dios; y todo aquel que ama al que engendro, ama también al que ha sido engendrado por él. 5:1 **Todo aquel que cree.** La fe que salva es la primera característica de un vencedor. El término "cree" alude a la noción de una fe continua y muestra que la marca de los creyentes genuinos es que continúan y perseveran en la fe a lo largo de la vida de ellos. La creencia salvadora no es una simple aceptación intelectual, sino una dedicación permanente y de todo corazón a Jesús. **Jesús es el Cristo.** El objeto de la fe del creyente es Jesús, en particular sobre sobre su condición como el Mesías prometido o "Ungido" a quien Dios envió para ser el Salvador del pecado. Todo aquel que deposita su fe en Jesucristo como el único Salvador ha nacido de nuevo y como resultado es un vencedor (versículo 5). **Nacido de Dios**. Esta es una referencia al nuevo nacimiento y es la misma palabra que Jesús uso en Juan. 3:7. El tiempo del verbo griego indica que la fe constante es resultado del nuevo nacimiento y, por ende, es una evidencia confiable del nuevo nacimiento. Los hijos de Dios manifestaran la realidad de que han nacido de nuevo al no dejar nunca de creer en el Hijo de Dios, Jesucristo el Salvador. El nuevo nacimiento nos lleva a una relación permanente de fe y fidelidad con Dios y Cristo**. todo aquel que ama al que engendro, ama también al que ha sido engendrado por él.** el amor es la segunda característica del vencedor, porque no solo cree en Dios, sino que ama tanto a Dios como a sus hermanos en la fe. De nuevo, aquí se considera la aplicación de la prueba moral. Amor, perseverancia, constancia, terquedad, sabiduría, inteligencia, consejería,

Capítulo seis.

El amor hacia los estudiantes es un principio activo. (1 Tesalonicenses. 1:3; Hebreos. 6:10)

Resumen.

El amor hacia los estudiantes es un principio activo. (1 Tesalonicenses. 1:3;

Hebreos. 6:10) 1 de Tesalonicenses. Capitulo 1, versículo 3 dice así: acordándonos sin cesar delante del Dios y Padre nuestro de la obra de vuestra fe, del trabajo de vuestro amor y de vuestra constancia en la esperanza en nuestro Señor Jesucristo.

1:3 obra de nuestra fe. La combinación triple de fe, esperanza y amor es un tema favorito de Pablo (5:8; 1 Corintios. 13: 13; Colosenses. 1:4,5) Pablo se refiere aquí al cumplimiento de los deberes ministeriales que venía como resultado de estas tres actitudes espirituales (cp. los versículos 9, 10).

Palabras clave. Fe, amor, perseverancia, Dios, Padre, estudiantes, docentes.

Introducción. El amor hacia los estudiantes es un principio activo. (1 Tesalonicenses. 1:3;

Hebreos. 6:10) 1 de Tesalonicenses. Capítulo 1, versículo 3 dice así: acordándonos sin cesar delante del Dios y Padre nuestro de la obra de vuestra fe, del trabajo de vuestro amor y de vuestra constancia en la esperanza en nuestro Señor Jesucristo.

1:3 obra de nuestra fe. La combinación triple de fe, esperanza y amor es un tema favorito de Pablo (5:8; 1 Corintios. 13: 13; Colosenses. 1:4,5) Pablo se refiere aquí al cumplimiento de los deberes ministeriales que venía como resultado de estas tres actitudes espirituales (cp. los versículos 9, 10). Fe, amor, perseverancia, Dios, Padre, estudiantes, docentes. **Hebreos. 6:10** dice así: Porque Dios no es injusto para olvidar vuestra obra y el trabajo de amor que habéis mostrado hacia su nombre, habiendo servido a los santos y sirviéndoles aún. **6:10 vuestra obra y el trabajo de amor.** Vea 1 Tesalonicenses 1: 3, 4. **hacia su nombre.** En toda esta epístola la palabra "nombre" posee el sentido hebraico de la autoridad, el carácter y los atributos propios del Hijo de Dios (1:4) y de Dios el Padre (2:12;13:15; cp. Juan. 14: 13, 14). **santos.** Todos los cristianos verdaderos son santos o " los santos" (cp. 13:24; Hechos. 9:13; Romanos. 1:7: vea la nota sobre 1 Corintios. 1:2). Siempre el docente debe de estar muy alerta, en el salón de clases, para que detecte alguna anomalía, alguna vinculación, si en verdad hay sustancia activa cerebral y somática en los estudiantes, a tal grado que el docente o la maestra debe de analizar muy atenta en los gestos, muecas, movimientos que hace el estudiantado, y su participación, claro si responde a la pregunta del docente, para una excelente enseñanza, aprendizaje, colectivo e individual. Es muy importante la puntualidad tanto del docente como del estudiantado y que se note el gusto de estar participando, de las actividades intelectuales, somáticas, para que exista una excelente vinculación, y una participación, y así poder llegar a una excelencia enseñanza.

Metodología sistemática. La combinación triple de fe, esperanza y amor es un tema favorito de Pablo (5:8; 1 Corintios. 13: 13; Colosenses. 1:4,5) Pablo se refiere aquí al cumplimiento de los deberes ministeriales que venía como resultado de estas tres actitudes espirituales (cp. los versículos 9, 10). Fe, amor, perseverancia, Dios, Padre, estudiantes, docentes. **Hebreos. 6:10** dice así: Porque Dios no es injusto para olvidar vuestra obra y el trabajo de amor que habéis mostrado hacia su nombre, habiendo servido a los santos y sirviéndoles aún. **6:10 vuestra obra y el trabajo de amor.** Vea 1 Tesalonicenses 1: 3, 4. **hacia su nombre.** En toda esta epístola la palabra "nombre" posee el sentido hebraico de la autoridad, el carácter y los atributos propios del Hijo de Dios (1:4) y de Dios el Padre (2:12;13:15; cp. Juan. 14: 13, 14). **santos.** Todos los cristianos verdaderos son santos o "los santos" (cp. 13:24; Hechos. 9:13; Romanos. 1:7: vea la nota sobre 1 Corintios. 1:2). Siempre el docente debe de estar muy alerta, en el salón de clases, para que detecte alguna anomalía, alguna vinculación, si en verdad hay sustancia activa cerebral y somática en los estudiantes, a tal grado que el docente o la maestra debe de analizar muy atenta en los gestos, muecas, movimientos que hace el estudiantado, y su participación, claro si responde a la pregunta del docente, para una excelente enseñanza, aprendizaje, colectivo e individual. Es muy importante la puntualidad tanto del docente como del estudiantado y que se note el gusto de estar participando, de las actividades intelectuales, somáticas, para que exista una excelente vinculación, y una participación, y así poder llegar a una excelencia enseñanza. Es muy importante que el docente o la maestra, vinculen la lectura diaria por lo menos treinta minutos durante la clases, y si se puede hacer grupos mixtos (varones y mujeres) para que interactúen, analicen, y puedan comentar del contenido de la lectura, con el fin de, que el cerebro trabaje en una síntesis, colectiva, y poder llegar a un pensamiento simple a un pensamiento de complejidad y por ende, ser servidores entre ellos mismos, para que después lo hagan todos y cada uno de ellos y ellas ante la sociedad, para poder ser servidores y no ser servidos. Si lo gran entonces los felicito tanto al docente, como a la maestra y al estudiantado, esa es la meta principal de cada docente, ante el estudiantado.

Discusión. La combinación triple de fe, esperanza y amor es un tema favorito de Pablo (5:8; 1 Corintios. 13: 13; Colosenses. 1:4,5) Pablo se refiere aquí al cumplimiento de los deberes ministeriales que venía como resultado de estas tres actitudes espirituales (cp. los versículos 9, 10). Fe, amor, perseverancia, Dios, Padre, estudiantes, docentes. **Hebreos. 6:10** dice así: Porque Dios no es injusto para olvidar vuestra obra y el trabajo de amor que habéis mostrado hacia su nombre, habiendo servido a los santos y sirviéndoles aún. **6:10 vuestra obra y el trabajo de amor.** Vea 1 Tesalonicenses 1: 3, 4. **hacia su nombre.** En toda esta epístola la palabra "nombre" posee el sentido hebraico de la autoridad, el carácter y los atributos propios del Hijo de Dios (1:4) y de Dios el Padre (2:12;13:15; cp. Juan. 14: 13, 14). **santos.** Todos los cristianos verdaderos son santos o "los santos" (cp. 13:24; Hechos. 9:13; Romanos. 1:7: vea la nota sobre 1 Corintios. 1:2). Siempre el docente debe de estar muy alerta, en el salón de clases, para que detecte alguna anomalía, alguna vinculación, si en verdad hay sustancia activa cerebral y somática en los estudiantes, a tal grado que el docente o la maestra debe de analizar muy atenta en los gestos, muecas, movimientos que hace el estudiantado, y su participación, claro si responde a la pregunta del docente, para una excelente enseñanza, aprendizaje, colectivo e individual. Es muy importante la puntualidad tanto del docente como del estudiantado y que se note el gusto de estar participando, de las actividades intelectuales, somáticas, para que exista una excelente vinculación, y una participación, y así poder llegar a una excelencia enseñanza. Es muy importante que el docente o la maestra, vinculen la lectura diaria por lo menos treinta minutos durante la clases, y si se puede hacer grupos mixtos (varones y mujeres) para que interactúen, analicen, y puedan comentar del contenido de la lectura, con el fin de, que el cerebro trabaje en una síntesis, colectiva, y poder llegar a un pensamiento simple a un pensamiento de complejidad y por ende, ser servidores entre ellos mismos, para que después lo hagan todos y cada uno de ellos y ellas ante la sociedad, para poder ser servidores y no ser servidos. Si lo gran entonces los felicito tanto al docente, como a la maestra y al estudiantado, esa es la meta principal de cada docente, ante el estudiantado.

Cuadro mental.

El amor hacia los estudiantes es un principio activo. (1 Tesalonicenses. 1:3; Hebreos. 6:10) 1 de Tesalonicenses. Capítulo 1, versículo 3 dice así: acordándonos sin cesar delante del Dios y Padre nuestro de la obra de vuestra fe, del trabajo de vuestro amor y de vuestra constancia en la esperanza en nuestro Señor Jesucristo.

1:3 obra de nuestra fe. La combinación triple de fe, esperanza y amor es un tema favorito de Pablo (5:8; 1 Corintios. 13: 13; Colosenses. 1:4,5) Pablo se refiere aquí al cumplimiento de los deberes ministeriales que venía como resultado de estas tres actitudes espirituales (cp. los versículos 9, 10). Fe, amor, perseverancia, Dios, Padre, estudiantes, docentes. **Hebreos. 6:10** dice así: Porque Dios no es injusto para olvidar vuestra obra y el trabajo de amor que habéis mostrado hacia su nombre, habiendo servido a los santos y sirviéndoles aún. **6:10 vuestra obra y el trabajo de amor.** Vea 1 Tesalonicenses 1: 3, 4. **hacia su nombre.** En toda esta epístola la palabra "nombre" posee el sentido hebraico de la autoridad, el carácter y los atributos propios del Hijo de Dios (1:4) y de Dios el Padre (2:12;13:15; cp. Juan. 14: 13, 14). **santos.** Todos los cristianos verdaderos son santos o " los santos" (cp. 13:24; Hechos. 9:13; Romanos. 1:7: vea la nota sobre 1 Corintios. 1:2). Siempre el docente debe de estar muy alerta, en el salón de clases, para que detecte alguna anomalía, alguna vinculación, si en verdad hay sustancia activa cerebral y somática en los estudiantes, a tal grado que el docente o la maestra debe de analizar muy atenta en los gestos, muecas, movimientos que hace el estudiantado, y su participación, claro si responde a la pregunta del docente, para una excelente enseñanza, aprendizaje, colectivo e individual. Es muy importante la puntualidad tanto del docente como del estudiantado y que se note el gusto de estar participando, de las actividades intelectuales, somáticas, para que exista una excelente vinculación, y una participación, y así poder llegar a una excelencia enseñanza.

Imagen.

Recapitulación. La combinación triple de fe, esperanza y amor es un tema favorito de Pablo (5:8; 1 Corintios. 13: 13; Colosenses. 1:4,5) Pablo se refiere aquí al cumplimiento de los deberes ministeriales que venía como resultado de estas tres actitudes espirituales (cp. los versículos 9, 10). Fe, amor, perseverancia, Dios, Padre, estudiantes, docentes. **Hebreos. 6:10** dice así: Porque Dios no es injusto para olvidar vuestra obra y el trabajo de amor que habéis mostrado hacia su nombre, habiendo servido a los santos y sirviéndoles aún. **6:10 vuestra obra y el trabajo de amor.** Vea 1 Tesalonicenses 1: 3, 4. **hacia su nombre.** En toda esta epístola la palabra "nombre" posee el sentido hebraico de la autoridad, el carácter y los atributos propios del Hijo de Dios (1:4) y de Dios el Padre (2:12;13:15; cp. Juan. 14: 13, 14). **santos.** Todos los cristianos verdaderos son santos o "los santos" (cp. 13:24; Hechos. 9:13; Romanos. 1:7: vea la nota sobre 1 Corintios. 1:2). Siempre el docente debe de estar muy alerta, en el salón de clases, para que detecte alguna anomalía, alguna vinculación, si en verdad hay sustancia activa cerebral y somática en los estudiantes, a tal grado que el docente o la maestra debe de analizar muy atenta en los gestos, muecas, movimientos que hace el estudiantado, y su participación, claro si responde a la pregunta del docente, para una excelente enseñanza, aprendizaje, colectivo e individual. Es muy importante la puntualidad tanto del docente como del estudiantado y que se note el gusto de estar participando, de las actividades intelectuales, somáticas, para que exista una excelente vinculación, y una participación, y así poder llegar a una excelencia enseñanza. Es muy importante que el docente o la maestra, vinculen la lectura diaria por lo menos treinta minutos durante la clases, y si se puede hacer grupos mixtos (varones y mujeres) para que interactúen, analicen, y puedan comentar del contenido de la lectura, con el fin de, que el cerebro trabaje en una síntesis, colectiva, y poder llegar a un pensamiento simple a un pensamiento de complejidad y por ende, ser servidores entre ellos mismos, para que después lo hagan todos y cada uno de ellos y ellas ante la sociedad, para poder ser servidores y no ser servidos. Si lo gran entonces los felicito tanto al docente, como a la maestra y al estudiantado, esa es la meta principal de cada docente, ante el estudiantado.

Resumiendo, este hermoso capítulo. La combinación triple de fe, esperanza y amor es un tema favorito de Pablo (5:8; 1 Corintios. 13: 13; Colosenses. 1:4,5) Pablo se refiere aquí al cumplimiento de los deberes ministeriales que venía como resultado de estas tres actitudes espirituales (cp. los versículos 9, 10). Fe, amor, perseverancia, Dios, Padre, estudiantes, docentes. **Hebreos. 6:10** dice así: Porque Dios no es injusto para olvidar vuestra obra y el trabajo de amor que habéis mostrado hacia su nombre, habiendo servido a los santos y sirviéndoles aún. **6:10 vuestra obra y el trabajo de amor.** Vea 1 Tesalonicenses 1: 3, 4. **hacia su nombre.** En toda esta epístola la palabra "nombre" posee el sentido hebraico de la autoridad, el carácter y los atributos propios del Hijo de Dios (1:4) y de Dios el Padre (2:12;13:15; cp. Juan. 14: 13, 14). **santos.** Todos los cristianos verdaderos son santos o "los santos" (cp. 13:24; Hechos. 9:13; Romanos. 1:7: vea la nota sobre 1 Corintios. 1:2). Siempre el docente debe de estar muy alerta, en el salón de clases, para que detecte alguna anomalía, alguna vinculación, si en verdad hay sustancia activa cerebral y somática en los estudiantes, a tal grado que el docente o la maestra debe de analizar muy atenta en los gestos, muecas, movimientos que hace el estudiantado, y su participación, claro si responde a la pregunta del docente, para una excelente enseñanza, aprendizaje, colectivo e individual. Es muy importante la puntualidad tanto del docente como del estudiantado y que se note el gusto de estar participando, de las actividades intelectuales, somáticas, para que exista una excelente vinculación, y una participación, y así poder llegar a una excelencia enseñanza. Es muy importante que el docente o la maestra, vinculen la lectura diaria por lo menos treinta minutos durante la clases, y si se puede hacer grupos mixtos (varones y mujeres) para que interactúen, analicen, y puedan comentar del contenido de la lectura, con el fin de, que el cerebro trabaje en una síntesis, colectiva, y poder llegar a un pensamiento simple a un pensamiento de complejidad y por ende, ser servidores entre ellos mismos, para que después lo hagan todos y cada uno de ellos y ellas ante la sociedad, para poder ser servidores y no ser servidos. Si lo gran entonces los felicito tanto al docente, como a la maestra y al estudiantado, esa es la meta principal de cada docente, ante el estudiantado.

Capítulo siete.

Los estudiantes deben estimularse mutuamente al amor.

(2 Corintios. 8:7; 9:2, Hebreos. 10: 24).

Resumen. Los estudiantes deben estimularse mutuamente al amor.

(2 Corintios. 8:7; 9:2; Hebreos. 10: 24). 2 Corintios. Capítulo 8 y versículo 7 dice así: Por tanto, como en todo abundáis, en fe, en palabra, en ciencia, en toda solicitud, y en vuestro amor para con nosotros, abundad también en esta gracia.

8:7 en todo abundáis. La ofrenda de los corintios debía mantenerse en armonía con otras virtudes cristianas que Pablo ya había reconocido en ellos: "fe" (única confianza santificadora en el Señor), "palabra" (santa doctrina), "ciencia" (la aplicación de la doctrina), "solicitud" (interés y pasión espiritual), así como "amor" (el amor de la voluntad, inspirada por sus lideres).**2 Corintios capítulo 9 y versículo 2 dice así:** pues conozco vuestra buena voluntad, de la cual yo me glorío entre los de Macedonia, que Acaya esta preparada desde el ano pasado; y vuestro celo ha estimulado a la mayoría. **9:2** Pablo les hizo un simple llamado a que recuperaran su entusiasmo original y su buena voluntad para participar en el proyecto de ayuda. La confusión y las mentiras que propagaron los maestros falsos, esto es, al decir que Pablo era un engañador que solo ministraba por ganancia monetaria, habían desviado a los creyentes con respecto a este asunto. **los de Macedonia.** Los creyentes en las iglesias esparcidas por la provincia de Macedonia en el norte de Grecia (vea las notas sobre 8:1-5; Hechos. 16:9; vea la introducción a Primera Tesalonicenses: Contexto histórico. **Acaya.** Una provincia en el sur de Grecia, donde Corinto estaba ubicada 8 (vea la introducción a primera Corintios: Contexto histórico.)

Palabras clave. Mutuamente, amor, estudiantes, docente, servid, no ser servido, reflexionar respecto al amor, a la vinculación grupal e individual y docencia.

Introducción. Los estudiantes deben estimularse mutuamente al amor.

(2 Corintios. 8:7; 9:2; Hebreos. 10: 24). 2 Corintios. Capítulo 8 y versículo 7 dice así: Por tanto, como en todo abundáis, en fe, en palabra, en ciencia, en toda solicitud, y en vuestro amor para con nosotros, abundad también en esta gracia.

8:7 en todo abundáis. La ofrenda de los corintios debía mantenerse en armonía con otras virtudes cristianas que Pablo ya había reconocido en ellos: "fe" (única confianza santificadora en el Señor), "palabra" (santa doctrina), "ciencia" (la aplicación de la doctrina), "solicitud" (interés y pasión espiritual), así como "amor" (el amor de la voluntad, inspirada por sus lideres).**2 Corintios capítulo 9 y versículo 2 dice así:** pues conozco vuestra buena voluntad, de la cual yo me glorío entre los de Macedonia, que Acaya está preparada desde el año pasado; y vuestro celo ha estimulado a la mayoría. **9:2** Pablo les hizo un simple llamado a que recuperaran su entusiasmo original y su buena voluntad para participar en el proyecto de ayuda. La confusión y las mentiras que propagaron los maestros falsos, esto es, al decir que Pablo era un engañador que solo ministraba por ganancia monetaria, habían desviado a los creyentes con respecto a este asunto. **los de Macedonia.** Los creyentes en las iglesias esparcidas por la provincia de Macedonia en el norte de Grecia (vea las notas sobre 8:1-5; Hechos. 16:9; vea la introducción a Primera Tesalonicenses: Contexto histórico. **Acaya.** Una provincia en el sur de Grecia, donde Corinto estaba ubicada 8 (vea la introducción a primera Corintios: Contexto histórico.) Mutuamente, amor, estudiantes, docente, servid, no ser servido, reflexionar respecto al amor, a la vinculación grupal e individual y docencia.

Metodología sistemática. Los estudiantes deben estimularse mutuamente al amor.

(2 Corintios. 8:7; 9:2; Hebreos. 10: 24). 2 Corintios. Capítulo 8 y versículo 7 dice así: Por tanto, como en todo abundáis, en fe, en palabra, en ciencia, en toda solicitud, y en vuestro amor para con nosotros, abundad también en esta gracia.

8:7 en todo abundáis. La ofrenda de los corintios debía mantenerse en armonía con otras virtudes cristianas que Pablo ya había reconocido en ellos: "fe" (única confianza santificadora en el Señor), "palabra" (santa doctrina), "ciencia" (la aplicación de la doctrina), "solicitud" (interés y pasión espiritual), así como "amor" (el amor de la voluntad, inspirada por sus lideres).**2 Corintios capítulo 9 y versículo 2 dice así:** pues conozco vuestra buena voluntad, de la cual yo me glorío entre los de Macedonia, que Acaya está preparada desde el año pasado; y vuestro celo ha estimulado a la mayoría. **9:2** Pablo les hizo un simple llamado a que recuperaran su entusiasmo original y su buena voluntad para participar en el proyecto de ayuda. La confusión y las mentiras que propagaron los maestros falsos, esto es, al decir que Pablo era un engañador que solo ministraba por ganancia monetaria, habían desviado a los creyentes con respecto a este asunto. **los de Macedonia.** Los creyentes en las iglesias esparcidas por la provincia de Macedonia en el norte de Grecia (vea las notas sobre 8:1-5; Hechos. 16:9; vea la introducción a Primera Tesalonicenses: Contexto histórico. **Acaya.** Una provincia en el sur de Grecia, donde Corinto estaba ubicada 8 (vea la introducción a primera Corintios: Contexto histórico.) Mutuamente, amor, estudiantes, docente, servid, no ser servido, reflexionar respecto al amor, a la vinculación grupal e individual y docencia.

Muy bien aquí lo más importante es que el estudiantado de los diferentes niveles universitarios se estimule respecto al amor verdadero, limpio para que se puedan vincular con el docente, maestra, y así poder llegar a una enseñanza, pedagógica, didáctica, filosófica y al final de la carrera sea útiles ante la sociedad mutuamente.

Discusión.

Muy bien aquí lo más importante es que el estudiantado de los diferentes niveles universitarios se estimule respecto al amor verdadero, limpio para que se puedan vincular con el docente, maestra, y así poder llegar a una enseñanza, pedagógica, didáctica, filosófica y al final de la carrera sea útiles ante la sociedad mutuamente. Es por ello, que es de suma importancia, la integración, la vinculación mutuamente docente - estudiantado, elaborar mapas cognitivo-reflexivos, meditando hacia dio de vamos, que rumbo llevo si voy rumbo ala Cima o la Sima, hay que mediar día tras día, y noche tras noche, para un buen servir a la comunidad, que, para ello, el estudiantado, nosotros los estudiantes y el docente, que debe de ser una verdadera vinculación cognitiva, filosófica, pedagógica y didáctica. Mutuamente, amor, estudiantes, docente, servid, no ser servido, reflexionar respecto al amor, a la vinculación grupal e individual y docencia. Estamos viviendo tiempos muy difíciles, donde domina mas en los cuatro vientos, en cualquier universidad el famoso Celular- Internet, sé que es muy útil en momento tiempo y espacio, pero dónde no estoy de acuerdo, es que la mayoría de la población mundial, lo usan día y noche, a cada segundo, y es ahí donde, no estoy de acuerdo, porque se nos ha olvidado leer, correctamente, meditar, y hasta nos hemos olvidado, la verdadera vinculación en el amor verdadero entre el docente y el estudiantado universitario, ¡que tristeza! ¡que lástima! Mutuamente, amor, estudiantes, docente, servid, no ser servido, reflexionar respecto al amor, a la vinculación grupal e individual y docencia la enseñanza pedagógica, didáctica, filosófica y no olvidar el verdadero amor, vinculado entre el maestro (aa. Muy bien, creo que vamos, por un buen camino rumbo a la Cima del éxito, para poder ser servidores públicos, empezando conmigo mismo, con mi hogar y después con la misma comunidad, que me rodeo, convivo. Si tomamos en cuenta las palabras clave de este maravilloso capitulo, podemos realizar más mentales, cognitivos y ponerlos en práctica, pues sería todo hermoso, y a la vez ser útiles y servidores ante la comunidad. ¿Usted que piensa, mi querido lector (a) respecto al contenido de este hermoso capitulo? ¿Se podrá aplicar hoy día en los planteles educativos, hogares, y para uno mismo?

Imagen.

Cuadro mental.

Muy bien aquí lo más importante es que el estudiantado de los diferentes niveles universitarios se estimule respecto al amor verdadero, limpio para que se puedan vincular con el docente, maestra, y así poder llegar a una enseñanza, pedagógica, didáctica, filosófica y al final de la carrera sea útiles ante la sociedad mutuamente. Es por ello, que es de suma importancia, la integración, la vinculación mutuamente docente - estudiantado, elaborar mapas cognitivo-reflexivos, meditando hacia dio de vamos, que rumbo llevo si voy rumbo ala Cima o la Sima, hay que mediar día tras día, y noche tras noche, para un buen servir a la comunidad, que para ello, el estudiantado, nosotros los estudiantes y el docente, que debe de ser una verdadera vinculación cognitiva, filosófica, pedagógica y didáctica. Mutuamente, amor, estudiantes, docente, servid, no ser servido, reflexionar respecto al amor, a la vinculación grupal e individual y docencia. Estamos viviendo tiempos muy difíciles, donde domina más en los cuatro vientos, en cualquier universidad el famoso Celular- Internet, sé que es muy útil en momento tiempo y espacio, pero dónde no estoy de acuerdo, es que la mayoría de la población mundial, lo usan día y noche, a cada segundo, y es ahí donde, no estoy de acuerdo, porque se nos ha olvidado leer, correctamente, meditar, y hasta nos hemos olvidado, la verdadera vinculación en el amor verdadero entre el docente y el estudiantado universitario, ¡que tristeza! ¡qué lástima! Mutuamente, amor, estudiantes, docente, servid, no ser servido, reflexionar respecto al amor, a la vinculación grupal e individual y docencia la enseñanza pedagógica, didáctica, filosófica y no olvidar el verdadero amor, vinculado entre el maestro (aa. Muy bien, creo que vamos, por un buen camino rumbo a la Cima del éxito, para poder ser servidores públicos, empezando conmigo mismo, con mi hogar y después con la misma comunidad, que me rodeo, convivo. Si tomamos en cuenta las palabras clave de este maravilloso capitulo

Recapitulación. Los estudiantes deben estimularse mutuamente al amor.

(2 Corintios. 8:7; 9:2; hebreos. 10: 24). 2 corintios. Capítulo 8 y versículo 7 dice así: Por tanto, como en todo abundáis, en fe, en palabra, en ciencia, en toda solicitud, y en vuestro amor para con nosotros, abundad también en esta gracia.

8:7 en todo abundáis. La ofrenda de los corintios debía mantenerse en armonía con otras virtudes cristianas que Pablo ya había reconocido en ellos: "fe" (única confianza santificadora en el Señor), "palabra" (santa doctrina), "ciencia" (la aplicación de la doctrina), "solicitud" (interés y pasión espiritual), así como "amor" (el amor de la voluntad, inspirada por sus lideres).**2 Corintios capítulo 9 y versículo 2 dice así:** pues conozco vuestra buena voluntad, de la cual yo me glorío entre los de Macedonia, que Acaya está preparada desde el año pasado; y vuestro celo ha estimulado a la mayoría. **9:2** Pablo les hizo un simple llamado a que recuperaran su entusiasmo original y su buena voluntad para participar en el proyecto de ayuda. La confusión y las mentiras que propagaron los maestros falsos, esto es, al decir que Pablo era un engañador que solo ministraba por ganancia monetaria, habían desviado a los creyentes con respecto a este asunto. **los de Macedonia.** Los creyentes en las iglesias esparcidas por la provincia de Macedonia en el norte de Grecia (vea las notas sobre 8:1-5; Hechos. 16:9; vea la introducción a Primera Tesalonicenses: Contexto histórico. **Acaya.** Una provincia en el sur de Grecia, donde Corinto estaba ubicada 8 (vea la introducción a primera Corintios: Contexto histórico.) Mutuamente, amor, estudiantes, docente, servid, no ser servido, reflexionar respecto al amor, a la vinculación grupal e individual y docencia.

Muy bien aquí lo más importante es que el estudiantado de los diferentes niveles universitarios se estimule respecto al amor verdadero, limpio para que se puedan vincular con el docente, maestra, y así poder llegar a una enseñanza, pedagógica, didáctica, filosófica y al final de la carrera sea útiles ante la sociedad mutuamente.

Resumiendo, este hermoso capitulo.

Muy bien aquí lo más importante es que el estudiantado de los diferentes niveles universitarios se estimule respecto al amor verdadero, limpio para que se puedan vincular con el docente, maestra, y así poder llegar a una enseñanza, pedagógica, didáctica, filosófica y al final de la carrera sea útiles ante la sociedad mutuamente. Es por ello, que es de suma importancia, la integración, la vinculación mutuamente docente - estudiantado, elaborar mapas cognitivo-reflexivos, meditando hacia dio de vamos, que rumbo llevo si voy rumbo ala Cima o la Sima, hay que mediar día tras día, y noche tras noche, para un buen servir a la comunidad, que, para ello, el estudiantado, nosotros los estudiantes y el docente, que debe de ser una verdadera vinculación cognitiva, filosófica, pedagógica y didáctica. Mutuamente, amor, estudiantes, docente, servid, no ser servido, reflexionar respecto al amor, a la vinculación grupal e individual y docencia. Estamos viviendo tiempos muy difíciles, donde domina más en los cuatro vientos, en cualquier universidad el famoso Celular- Internet, sé que es muy útil en momento tiempo y espacio, pero dónde no estoy de acuerdo, es que la mayoría de la población mundial, lo usan día y noche, a cada segundo, y es ahí donde, no estoy de acuerdo, porque se nos ha olvidado leer, correctamente, meditar, y hasta nos hemos olvidado, la verdadera vinculación en el amor verdadero entre el docente y el estudiantado universitario, ¡que tristeza! ¡qué lástima! Mutuamente, amor, estudiantes, docente, servid, no ser servido, reflexionar respecto al amor, a la vinculación grupal e individual y docencia la enseñanza pedagógica, didáctica, filosófica y no olvidar el verdadero amor, vinculado entre el maestro (aa. Muy bien, creo que vamos, por un buen camino rumbo a la Cima del éxito, para poder ser servidores públicos, empezando conmigo mismo, con mi hogar y después con la misma comunidad, que me rodeo, convivo. Si tomamos en cuenta las palabras clave de este maravilloso capitulo, podemos realizar más mentales, cognitivos y ponerlos en práctica, pues sería todo hermoso, y a la vez ser útiles y servidores ante la comunidad. ¿Usted que piensa, mi querido lector (a) respecto al contenido de este hermoso capitulo? ¿Se podrá aplicar hoy día en los planteles educativos, hogares, y para uno mismo?

Capítulo ocho.

El amor debe de estar asociado con el efecto fraternal.

(Romanos. 12:10; 2 Pedro. 1:7).

Resumen. El amor debe de estar asociado con el efecto fraternal.

(Romanos. 12:10; 2 Pedro. 1:7). Romanos. Capítulo 12, versículo 10 dice así: Amaos los unos a los otros con amor fraternal; en cuanto a honra, prefiriéndoos los unos a los otros. **12 :10. Amaos...con amor fraternal.** Dedicarse a los demás cristianos con un amor familiar que no se basa en la atracción o la preferencia personal (cp. 1 Tesalonicenses. 4:9) esta cualidad es la manera principal en que el mundo puede reconocernos como seguidores de Cristo (Juan. 13:35; cp.1 Juan. 3.10, 17- 19). **en cuanto a honra, prefiriéndoos**. Mostrar apreciación y admiración genuinas hacia los hermanos en la fe por medio de cederles nuestro lugar sin esperar algo a cambio (Filipenses, 2:3) 2 Pedro. 1:7 dice así. A la piedad, afecto fraternal; y al afecto fraternal, amor. **1:7 afecto fraternal.** Es decir, afecto fraternal y disposición al sacrificio mutuo (cp. 1 Juan. 4.20**). amor**. Vea la nota 1 Corintios 13; 1 Pedro. 4:8.

Palabras clave.

Fraternal, amor, amistad. Docentes, estudiantado, vinculación, lectura, meditar, reflexionar, mapas mentales, y cognitivos servid a los demás.

Introducción. El amor debe de estar asociado con el efecto fraternal.

(Romanos. 12:10; 2 Pedro. 1:7). Romanos. Capítulo 12, versículo 10 dice así: Amaos los unos a los otros con amor fraternal; en cuanto a honra, prefiriéndoos los unos a los otros. **12 :10. Amaos...con amor fraternal.** Dedicarse a los demás cristianos con un amor familiar que no se basa en la atracción o la preferencia personal (cp. 1 Tesalonicenses. 4:9) esta cualidad es la manera principal en que el mundo puede reconocernos como seguidores de Cristo (Juan. 13:35; cp.1 Juan. 3.10, 17- 19). **en cuanto a honra, prefiriéndoos**. Mostrar apreciación y admiración genuinas hacia los hermanos en la fe por medio de cederles nuestro lugar sin esperar algo a cambio (Filipenses, 2:3) 2 Pedro. 1:7 dice así. A la piedad, afecto fraternal; y al afecto fraternal, amor. **1:7 afecto fraternal.** Es decir, afecto fraternal y disposición al sacrificio mutuo (cp. 1 Juan. 4.20**). amor**. Vea la nota 1 Corintios 13; 1 Pedro. 4:8. Fraternal, amor, amistad. Docentes, estudiantado, vinculación, lectura, meditar, reflexionar, mapas mentales, y cognitivos servid a los demás. En su mente, aunque estén lejos del uno con el otro, pero sus ideas, sus consejos , sus meditaciones, y sus enseñanzas , estarán en el interior de cada mente del estudiantado, es de suma importancia que el docente y la maestra, estén atentos y den de su amor fraternal hacia los estudiantes, día tras día, para poder existir una verdadera vinculación, reflexiva, tanto el estudiante como el docente y así podrán ir juntos rumbo a la Cima, con la verdadera enseñanza, aprendizaje, pedagógica y didáctica y al final de la jornada, irán juntos, estén donde estén. Con la mente, la conciencia no hay límites, ya que las grandes ideas, meditaciones, sus fines, estarán en cada mente del estudiante, y a la vez el estudiante pensara lo mucho que aprendido del docente en su tiempo espacio y lugar. Creo que el objetivo se ha cumplido a través de este hermoso libro compuesto por ocho capítulos. De que cada estudiante cumpla con sus deberes ante a la misma sociedad, en su campo laboral, en su hogar, con su familia, con el mismo, y con el mismo, para decirte en su interior, valió la pena seguir adelante de la mano, con la vinculación del docente, para los fines alcanzados, de "servir a la sociedad donde yo vivo".

Metodología sistemática.

El amor debe de estar asociado con el efecto fraternal.

(Romanos. 12:10; 2 Pedro. 1:7). Romanos. Capítulo 12, versículo 10 dice así: Amaos los unos a los otros con amor fraternal; en cuanto a honra, prefiriéndoos los unos a los otros. **12 :10. Amaos...con amor fraternal.** Dedicarse a los demás cristianos con un amor familiar que no se basa en la atracción o la preferencia personal (cp. 1 Tesalonicenses. 4:9) esta cualidad es la manera principal en que el mundo puede reconocernos como seguidores de Cristo (Juan. 13:35; cp.1 Juan. 3.10, 17- 19). **en cuanto a honra, prefiriéndoos**. Mostrar apreciación y admiración genuinas hacia los hermanos en la fe por medio de cederles nuestro lugar sin esperar algo a cambio (Filipenses, 2:3) 2 Pedro. 1:7 dice así. A la piedad, afecto fraternal; y al afecto fraternal, amor. **1:7 afecto fraternal.** Es decir, afecto fraternal y disposición al sacrificio mutuo (cp. 1 Juan. 4.20**). amor**. Vea la nota 1 Corintios 13; 1 Pedro. 4:8. Fraternal, amor, amistad. Docentes, estudiantado, vinculación, lectura, meditar, reflexionar, mapas mentales, y cognitivos servid a los demás. En su mente, aunque estén lejos del uno con el otro, pero sus ideas, sus consejos , sus meditaciones, y sus enseñanzas , estarán en el interior de cada mente del estudiantado, es de suma importancia que el docente y la maestra, estén atentos y den de su amor fraternal hacia los estudiantes, día tras día, para poder existir una verdadera vinculación, reflexiva, tanto el estudiante como el docente y así podrán ir juntos rumbo a la Cima, con la verdadera enseñanza, aprendizaje, pedagógica y didáctica y al final de la jornada, irán juntos, estén donde estén. Con la mente, la conciencia no hay límites, ya que las grandes ideas, meditaciones, sus fines, estarán en cada mente del estudiante, y a la vez el estudiante pensara lo mucho que aprendido del docente en su tiempo espacio y lugar. Creo que el objetivo se ha cumplido a través de este hermoso libro compuesto por ocho capítulos. De que cada estudiante cumpla con sus deberes ante a la misma sociedad, en su campo laboral, en su hogar, con su familia, con el mismo, y con el mismo, para decirte en su interior, valió la pena seguir adelante de la mano, con la vinculación del docente, para los fines alcanzados, de “servir a la sociedad donde yo vivo”.

Discusión.

Para ser maestro, hay que amar la docencia. Cada ser humano traemos dones, y cada maestro debe de examinarse antes de estar frente a un salón de clases, y amar la docencia, en lo más íntimo de su ser, ya sea maestro o maestra, porque es una labor muy especial, estar frente ante un grupo de estudiantes, cada día, para poder dirigirlos, instruidos, examinando cada conciencia, y sobre todo hay que recordar que cada estudiante, tiene en su Masa Encefálica tres cerebros, y en el cerebro humano están los atributos del bien, es decir ahí habitan: el amor, la misericordia, la inteligencia, la sabiduría, el poder, la consejería, el conocimiento y la reverencia al Creador- Dios, y es ahí donde el docente tiene que trabajar en cada estudiante, para que él o ella despiertan esos atributos, y así poder estar en el camino correcto, ético y poder estar docente y estudiante enlazados, des enlaza dos y re enlazados en el salón de clases día tras día. Amor, sabiduría, inteligencia, poder, consejería, conocimiento, reverencia, ética, constancia perseverancia, paciencia, terquedad, enlazar, desenlazar y re. enlazar. Hay que tener mucho cuidados con otros dos cerebros que integran a la: Masa Encefálica, porque el cerebro mamífero, hormonal y sexual ahí se anida una semilla de la “iniquidad” de la maldad todo lo que está en contra del cerebro humano, está en el cerebro mamífero, hormonal y sexual y son los siguientes conceptos: el desamor, la iniquidad, el egoísmo, la soberbia, la amargura, el deshonor, el egocentrismo, la pereza cerebral y somática, el dormir de más, como los perezosos, y todo lo que estorba para el avance normal del ser humano, y si lo dejamos avanzar y que el cerebro mamífero quiera controlar al cerebro humano, el amor verdadero, entonces el maestro no puede amar la docencia y por ende no amara a sus estudiantes y esto trae consigo todo un desastre interno y externo tanto el docente como el estudiantado. Muy bien, pues mano a la obra, hoy es el día para escribirles a los docentes y al estudiantado de los cuatro vientos, en diferentes niveles educativos.

Imagen.

Resumiendo, este hermoso capitulo.

El amor debe de estar asociado con el efecto fraternal.

(Romanos. 12:10; 2 Pedro. 1:7). Romanos. Capítulo 12, versículo 10 dice así: Amaos los unos a los otros con amor fraternal; en cuanto a honra, prefiriéndoos los unos a los otros. **12 :10. Amaos...con amor fraternal.** Dedicarse a los demás cristianos con un amor familiar que no se basa en la atracción o la preferencia personal (cp. 1 Tesalonicenses. 4:9) esta cualidad es la manera principal en que el mundo puede reconocernos como seguidores de Cristo (Juan. 13:35; cp.1 Juan. 3.10, 17- 19). **en cuanto a honra, prefiriéndoos**. Mostrar apreciación y admiración genuinas hacia los hermanos en la fe por medio de cederles nuestro lugar sin esperar algo a cambio (Filipenses, 2:3) 2 Pedro. 1:7 dice así. A la piedad, afecto fraternal; y al afecto fraternal, amor. **1:7 afecto fraternal.** Es decir, afecto fraternal y disposición al sacrificio mutuo (cp. 1 Juan. 4.20**). amor**. Vea la nota 1 Corintios 13; 1 Pedro. 4:8. Fraternal, amor, amistad. Docentes, estudiantado, vinculación, lectura, meditar, reflexionar, mapas mentales, y cognitivos servid a los demás. En su mente, aunque estén lejos del uno con el otro, pero sus ideas, sus consejos , sus meditaciones, y sus enseñanzas , estarán en el interior de cada mente del estudiantado, es de suma importancia que el docente y la maestra, estén atentos y den de su amor fraternal hacia los estudiantes, día tras día, para poder existir una verdadera vinculación, reflexiva, tanto el estudiante como el docente y así podrán ir juntos rumbo a la Cima, con la verdadera enseñanza, aprendizaje, pedagógica y didáctica y al final de la jornada, irán juntos, estén donde estén. Con la mente, la conciencia no hay límites, ya que las grandes ideas, meditaciones, sus fines, estarán en cada mente del estudiante, y a la vez el estudiante pensara lo mucho que aprendido del docente en su tiempo espacio y lugar. Creo que el objetivo se ha cumplido a través de este hermoso libro compuesto por ocho capítulos. De que cada estudiante cumpla con sus deberes ante a la misma sociedad, en su campo laboral, en su hogar, con su familia, con el mismo, y con el mismo, para decirte en su interior, valió la pena seguir adelante de la mano, con la vinculación del docente, para los fines alcanzados, de “servir a la sociedad donde yo vivo”.

Cuadro mental.

2 Pedro. 1:7 dice así. A la piedad, afecto fraternal; y al afecto fraternal, amor. **1:7 afecto fraternal.** Es decir, afecto fraternal y disposición al sacrificio mutuo (cp. 1 Juan. 4.20**). amor**. Vea la nota 1 Corintios 13; 1 Pedro. 4:8. Fraternal, amor, amistad. Docentes, estudiantado, vinculación, lectura, meditar, reflexionar, mapas mentales, y cognitivos servid a los demás. En su mente, aunque estén lejos del uno con el otro, pero sus ideas, sus consejos , sus meditaciones, y sus enseñanzas , estarán en el interior de cada mente del estudiantado, es de suma importancia que el docente y la maestra, estén atentos y den de su amor fraternal hacia los estudiantes, día tras día, para poder existir una verdadera vinculación, reflexiva, tanto el estudiante como el docente y así podrán ir juntos rumbo a la Cima, con la verdadera enseñanza, aprendizaje, pedagógica y didáctica y al final de la jornada, irán juntos, estén donde estén. Con la mente, la conciencia no hay límites, ya que las grandes ideas, meditaciones, sus fines, estarán en cada mente del estudiante, y a la vez el estudiante pensara lo mucho que aprendido del docente en su tiempo espacio y lugar. Creo que el objetivo se ha cumplido a través de este hermoso libro compuesto por ocho capítulos. De que cada estudiante cumpla con sus deberes ante a la misma sociedad, en su campo laboral, en su hogar, con su familia, con el mismo, y con el mismo, para decirte en su interior, valió la pena seguir adelante de la mano, con la vinculación del docente, para los fines alcanzados, de "servir a la sociedad donde yo vivo". Creo que hemos cumplido nuestro objetivo principal, que el docente de los cuatro vientos, y el estudiantado se vinculen en la enseñanza, pedagógica, e didáctica y filosófica, para que, en su momento, tiempo, espacio y lugar sea servidores púbicos tal como debe de ser, ese es el mayor objetivo de este hermoso: libro de parte del autor. Armando Barraza Cuellar, y con la ayuda del Creador- Dios el Eterno.

Resumiendo, los capítulos del uno hasta el ocho.

Para amar, a los demás: debemos primero amarnos a nosotros mismos.

(Es de Dios. 1 Juan. 4:7). Dice así. Amados, amémonos unos a otros; porque el amor es de Dios. Todo aquel que ama, es nacido de Dios, y conoce a Dios. **4:7 amémonos unos a otros**. Esta frase en el versículo 7 es la clave para entender toda la sección (vea el versículo 21). El texto original transmite la idea de asegurarse de que el amor sea una práctica habitual. El apóstol ya ha escrito que quienes en verdad han nacido de nuevo exhiben a diario el habito característico del amor (cp. 2:10, 11; 3:14). **Todo aquel que ama, es nacido de Dios.** Aquellos que son nacidos de nuevo reciben la naturaleza de Dios (cp. 2Pedro. 1:4). Puesto que la naturaleza de Dios se caracteriza en esencia por el amor (vea también el versículo 8) los hijos de Dios también reflejan ese amor. Amor, Dios, hijos, nacer de nuevo, docente, maestro, estudiante, estudiantado, salón de clases, Casa, biblioteca. Si el docente de los diferentes niveles educativos, empezando con los de preescolar, los de escolar, los de secundaria, los de la preparatoria, de los universitarios, de las maestrías, de los postdoctorados, cada uno de los maestros (as)se paran en su diario caminar, y reflexionan, meditan, cada día , cada noche, para que en su interior, desde el cerebro humano de su Masa Encefálica donde se anida el verdadero amor, y lo despiertan para sus estudiantes, entonces ese maestro, la maestra realmente aman la docencia, eso es lo que debemos de hacer cada docente de los cuatro vientos. ¿Porque hoy día, cada día estamos alejados del verdadero amor de la docencia?, y esto nos lleva a un caos, a una catástrofe en cuestión de la educación de alta calidad. Hay que rescatar los verdadero valores éticos, filosóficos, didácticos, en el salón de clases, en la biblioteca, en nuestros hogares, en nuestro diario caminar. Para que volvamos a las Sendas antiguas, con los principios del nuestro dios el Eterno, Los diez mandamientos. Solo así podremos convivir bien, en armonía con el estudiantado en el salón de clases, en los pasillos, con mucho respeto, pero con la confianza de todo un gran maestro (a) y cada estudiante. Se, que, si se puede, cuando, queremos hacerlo bien.

Debe mostrarse hacia los estudiantes, el amor. (1 Pedro. 2.17; 1 Juan. 5:1).

1 Pedro. 2:17 dice así: Honrad a todos. Amad a los hermanos. Temed a Dios. Honrad al rey. **2:17 Honrad.** Se refiere a tener en alta estima y no solo al cumplimiento mecánico del deber, sino a una actitud interior de respeto y obediencia, **los hermanos.** La iglesia. Cp. 1:22; 3:8; 4:8; 5:14.

I Juan. 5: 1 dice así: Todo aquel que cree que Jesús es el Cristo, es nacido de Dios; y todo aquel que ama al que engendro, ama también al que ha sido engendrado por él. 5:1 **Todo aquel que cree.** La fe que salva es la primera característica de un vencedor. El término "cree" alude a la noción de una fe continua y muestra que la marca de los creyentes genuinos es que continúan y perseveran en la fe a lo largo de la vida de ellos. La creencia salvadora no es una simple aceptación intelectual, sino una dedicación permanente y de todo corazón a Jesús. **Jesús es el Cristo.** El objeto de la fe del creyente es Jesús, en particular sobre sobre su condición como el Mesías prometido o "Ungido" a quien Dios envió para ser el Salvador del pecado. Todo aquel que deposita su fe en Jesucristo como el único Salvador ha nacido de nuevo y como resultado es un vencedor (versículo 5). **Nacido de Dios**. Esta es una referencia al nuevo nacimiento y es la misma palabra que Jesús uso en Juan. 3:7. El tiempo del verbo griego indica que la fe constante es resultado del nuevo nacimiento y, por ende, es una evidencia confiable del nuevo nacimiento. Los hijos de Dios manifestaran la realidad de que han nacido de nuevo al no dejar nunca de creer en el Hijo de Dios, Jesucristo el Salvador. El nuevo nacimiento nos lleva a una relación permanente de fe y fidelidad con Dios y Cristo**. todo aquel que ama al que engendro, ama también al que ha sido engendrado por él.** el amor es la segunda característica del vencedor, porque no solo cree en Dios, sino que ama tanto a Dios como a sus hermanos en la fe. De nuevo, aquí se considera la aplicación de la prueba moral.

Amor, perseverancia, constancia, terquedad, sabiduría, inteligencia, consejería, poder, conocimiento, reverencia al Creador.

Bibliografía.

(Las Sagradas Escrituras- Biblia).

1.- Barraza Cuéllar Armando. (2011). Siete Pasos para llegar a una Enseñanza-Aprendizaje. (Metas para el 2021 en la educación educativa a nivel superior de alta calidad, en el inicio de un pensamiento integral). U.S.A. Editorial Palibrio.

2.- Barraza Cuéllar Armando. (2012) ¡Como que eres maestro! España. Editorial Académica Española.

3.- Barraza Cuéllar Armando. (2012). Vamos pues a integrar: cuerpo, mente y consciencia. España. Editorial Académica Española. ISBN.

4.- Barraza Cuellar Armando. (2012) ¿Cómo le puedo hacer? Yo, para reactivar a mí: Cuerpo, a mi mente y a la inteligencia e integrarlos para sus diferentes funciones. España. Editorial Académica Española. ISBN.

5.- Barraza Cuéllar Armando. (2012). Siete pasos para llegar a la consciencia. España. Editorial Académica Española. ISBN.

6.-Barraza Cuéllar Armando. (2012). Los siete procesos de una integridad que es la enseñanza-aprendizaje. España. Editorial Académica Española. ISBN

7.- Barraza Cuéllar Armando. (2019). Enséñame tu, lo que yo no veo. España. Editorial Académica Española. ISBN.

8.- Barraza Cuéllar Armando (2022). Tú decides, que rumbo tomas.

978- 620-2- 10386-2. Editorial Académica Española. ISBN.

9.- Barraza Cuellar Armando. (2022) Debilidades y Fortalezas para integrar, desintegrar y reintegrar. Editorial Académica española. 978- 620-2- 10798-3. ISBN.

10.- Barraza Cuellar Armando. (2023). Hoy voy a Aprender a Leer. Editorial Académica Española. 978- 620- 2- 11180-5. ISBN.

11.-Barraza Cuellar Armando. (2023). Hoy día es muy difícil encontrar un Amor Sincero.

Editorial Académica Española. 978-620-2- 11421-9 ISBN.

12. Barraza Cuellar Armando, (2023) ¿Por qué nosotros los seres humanos, nos inclinamos a hacer el mal? ¡Y porque no, hacemos el bien! ISBN. 978- 620-2- 11905-4.

13.Barraza Cuellar Armando. (2023). El que guarda la inteligencia, hace el bien.

ISBN. 978-620- 010-8944.

14. Barraza Cuellar Armando (2023). Por que hoy día al estudiante le gusta memorizar en vez de comprender. ISBN. 978- 620- 010- 8258.

15. Barraza Cuellar Armando. (2023). Amonestación contra la pereza y la falsedad.

ISBN. 978- 620- 010- 7831.

16. Barraza Cuellar Armando (2023). Nacemos, crecemos, nos reproducimos y nos morimos. ISBN. 978- 613- 942- 7055.

17. Barraza Cuellar Armando (2023). Hoy día es muy difícil encontrar un Amor sincero. ISBN. 978- 620- 211- 4219.

18. Barraza Cuellar Armando. (2023). ¿Por qué nosotros los seres humanos, nos inclinamos a hacer el mal? ISBN. 978- 613- 942- 7079.

Printed by Books on Demand GmbH, Norderstedt / Germany